Notes de cours

Dirigée par Benjamin Mulamba Mbuyi

L'objet de la collection est de susciter les publications dont la vocation est double : d'une part offrir aux professeurs d'universités l'opportunité de publier leurs notes de cours, utilisées tout au long de leur carrière, et d'autre part offrir aux étudiants et chercheurs les outils de travail dont ils ont grandement besoin.

La collection s'adresse principalement aux étudiants et se propose d'envisager toutes les questions qui touchent tous les aspects de droit, de science politique et de relations internationales qui font l'objet d'un enseignement universitaire autonome.

Nous privilégierons la publication de manuels de grande qualité scientifique qui seront mis à la disposition des étudiants, régulièrement révisés comme des outils pédagogiques et utilisés dans un grand nombre d'institutions universitaires à travers le monde.

Déjà parus

Angélique SITA MUILA, *Manuel de droit pénal général congolais,* 2020.

Alphonse NGOYI KASANJI, *La responsabilité civile des entités territoriales décentralisées,* 2019.

Émile NGOY KASONGO, *La clé de l'émergence de l'économie congolaise, Analyse critique et nouvelles orientations de politique économique,* 2018.

Rémy MUSUNGAYI BAMPALE, *Apport des groupes pré-politiques à l'émancipation politique du congo ex-belge (RDC), cas de l'association lulua-frères*, 2018.

Jean KILUILA NTAMBUE, *Récupérer sa dignité humaine, Vers l'actionnalisme auto-dynamisant*, 2018.

Hubert MUKENDI MPINGA, *Éléments de psychologie médicale*, 2018.

Jean Pierre LOTOY ILANGO-BANGA, *Apprendre la science politique pour comprendre la politique*, 2018.

Droit des traités internationaux

Notes de cours à l'usage des étudiants en droit et en relations internationales

5-7, rue de l'École-Polytechnique, 75005 Paris

http://www.editions-harmattan.fr

ISBN : 978-2-343-11890-1
EAN : 9782343118901

Benjamin Mulamba Mbuyi

Droit des traités internationaux

Notes de cours à l'usage des étudiants en droit et en relations internationales

NOUVELLE ÉDITION REVUE ET AUGMENTÉE

Préface de Nicole Ntumba Bwatshia

L'Harmattan

Du même auteur

- *Refugees and International Law*, Toronto, Carswell, 1993.

- *Introduction à l'étude des sources modernes du droit international public,* Bruxelles et Québec, Bruylant et Presses de l'Université Laval, 1999.

- *Le statut international des réfugiés*, Goma, Université Libre des Pays des Grands Lacs, Publications de la Faculté de Droit, 2006.

- *Droit des traités internationaux,* Paris, L'Harmattan, Collection Études africaines, 2009.

- *Droit des organisations internationales*, Paris, L'Harmattan, Collection Géopolitique Mondiale, 2011.

- *Droit international public : Les sources*, Paris, l'Harmattan, 2012.

- *Déontologie des fonctionnaires internationaux*, Paris, l'Harmattan, 2013.

Wa kunemeka, Musungayi Bampale, pa nakadi mupote, mpa mbadi nfila nkunde mabanza.

Etu tudi tushale, ndi mpanyishe ku lutobo, ne nkutu wa mesa.

Umpesha lufualanga, nkuelela nkutu tente.

Baleka usomba wewe ?

Tutu Kayembe Tshikudi, bi wadia butuku, mukuluanyi, kuidi mukana.

Teleja, Mukena Lunpugu, tuipata nyama ukopeka mbwua.

Munayi, nakusenga bantu bonso, kushiya muananyi.

Mbuyi wa Kadima Jerôme, Mbuyi wa Mulamba ne Boisvert.

Mukeba ne muendu mu panga, muya kuangula ne lumuenu muitu.

Tatu Mampuya Kanunk'-a-Tshiabo, udi ka ntshima ka kalomba ngulube ngaji ?

Tshilekele tshibubakane, Tshiya kukuate bibole,

Mpuku itshiye, ne ku tshiye mu tuba,

Utshipe lungenyi, bia kuata tshi mpuku ne tshilua ku kupa ?

Tshikala N'kuadi, mukuata kasambasamba,

Mmukuata mpuku, tshibi mmubule.

Ntu na nuambile se mukamda mbule bua lungenyi.

Cet ouvrage est dédié

à **Rita Evelyne,** mon assistante de premier mandat

à la mémoire de :
François KADIMA TSHILUNDU sha Tshikal.a.

PREFACE

Lorsque mon Cher Collègue le **Professeur Benjamin Mulamba Mbuyi** m'a demandé de rédiger la préface pour ses *Notes de cours à l'usage des étudiants en Droit et en Relations internationales* : « Droit des traités internationaux », 2e édition revue et augmentée, j'ai été très enthousiasmée par sa sollicitation. Évoluant moi-même dans le domaine du droit international public, ce n'est que naturellement que j'ai accepté de préfacer son ouvrage.

Après avoir parcouru ses *Notes de cours*, mon témoignage est sans équivoque : cet ouvrage a été spécialement conçu pour les étudiants afin que ces derniers réalisent que dans la société internationale d'aujourd'hui, marquée par la globalisation des relations internationales, il est essentiel d'avoir les repères que constituent le droit des traités internationaux.

En effet, sur la scène internationale, les acteurs que sont les États doivent respecter les règles en jeu : d'une part, des principes politiques affirmés par la Charte des Nations Unies, comme le principe d'égalité, le principe de non-intervention et celui d'indépendance ; et d'autre part, des règles juridiques, notamment celles énoncées par l'article 38 du Statut de la Cour internationale de Justice (C.I.J.) dont les traités internationaux, qui intéressent l'auteur. Ce dernier, certes, effleure les autres sources du droit international tel que la coutume, les principes généraux de droit, les décisions judiciaires et la doctrine mais a préféré se prononcer d'une manière exhaustive sur la théorie du Droit des traités.

Son choix est judicieux au regard de la complexité juridique des traités internationaux. Il faut rappeler que les traités sont le vecteur principal de la création normative en droit international car, techniquement, ils présentent tous les avantages du droit écrit quant à la clarté et la précision des règles, et politiquement, ils respectent la souveraineté des États qui ne peuvent être liés contre leur gré. En réalité, c'est la forme la plus achevée du droit international.

Il ne me reste qu'à exprimer mes vœux de succès et de longévité pour les *Notes de cours* du **Professeur Benjamin Mulamba Mbuyi**, afin qu'il continue, d'abreuver les étudiants à la fontaine du savoir ! N'arrêtez donc pas de les désaltérer !

Nicole NTUMBA BWATSHIA
Professeure à la Faculté de Droit de l'Université de Kinshasa

SIGLES ET ABREVIATIONS

A.A.N.B.	: Acte de l'Amérique du Nord britannique
A.C.D.I.	: Annuaire canadien de droit international
A.F.D.I	: Annuaire français de droit international
A.I.A.	: Affaires d'immigration en appel
A.J.	: American Journal of International Law
A.S.D.I.	: Annuaire suisse de droit international
Am.J.I.L	: American Journal of International Law
Art.	: Article
B.J.P.	: Bulletin de jurisprudence pénal
B.Y.	: British Yearbook of International Law
CAM	: Commission d'Appel de l'Immigration
C.I.J.	: Cour Internationale de Justice
C.P.J.I.	: Cour Permanente de Justice Internationale
CNUCED	: Conférence des Nations Unies sur le commerce et le développement
DPI	: Département des publications internationales
Ed.	: Édition(s)
GATT	: General Agreement on Tariffs and Trade
H.C.R.	: Haut-Commissariat pour les Réfugiés
L.J.	: Law Journal
L.Q.	: Lois du Québec
L.R.Q.	: Lois Refondues du Québec
Ltd	: Limited
Ltée	: Limitée
O.I	: Organisation internationale
O.I.R.	: Organisation Internationale pour les Réfugiés
O.I.T.	: Organisation Internationale du Travail
O.N.U.	: Organisation des Nations Unies
O.U.A.	: Organisation de l'Unité Africaine
Op. cit.	: Opera citato
p.	: Page

P.U.F.	: Presses Universitaires de France
Paragr.	: Paragraphe
pp.	: Pages
R.	: La Reine
R.B.D.I.	: Revue belge de droit international
R.C.A.D.I.	: Recueil des cours de l'Académie de droit international
R.C.A.D.I.	: Recueil des cours de l'académie de droit international
R.C.S.	: Rapports de la Cour suprême
R.D.C.	: République démocratique du Congo
R.D.H.	: Revue des droits de l'homme
R.D.I.D.P.	: Revue du droit international, des sciences diplomatiques et politiques
R.D.P.	: Revue de droit public
R.D.P.S.P.	: Revue de droit public et de science politique
R.S.A.	: Recueil des Sentences Arbitrales
Rec. Acad	: Recueil de l'Académie
Rev. Jur. Pol.	: Revue juridique et politique
S.C.	: Statuts du Canada
S.F.D.I.	: Société française pour le droit international
S.N.D.	: Société des Nations
S.R.C.	: Statuts révisés du Canada
Sér. A.	: Arrêts et ordonnances
Sér. B.	: Avis consultatifs
Sér. C.	: Actes et documents relatifs aux arrêts et avis consultatifs
Sér. D.	: Actes et documents concernant l'organisation de la Cour
Sér. E.	: Rapports annuels
Suiv.	: Suivant
t.	: Tome
U.K.	: United Kingdom
Vol.	: Volume

TABLE DES MATIERES

AVANT-PROPOS

Ce livre est un nouveau livre. Il succède à un précédent ouvrage, publié chez le même éditeur dans la collection Étude africaine. Un Manuel, nous le savons bien, n'est jamais une œuvre individuelle. Les contributions de mes assistants des différentes universités de la RDC, les stimulations et conversations avec nos collègues, les échanges avec nos étudiants entrent en ligne de compte.

Le présent Manuel complète admirablement le précédent. L'origine de ce manuel est un cours sur le droit des traités que nous avons dispensé aux facultés de Droit des universités de la région des grands lacs. Il s'adresse principalement aux étudiants du premier cycle de droit et des relations internationales. Nous nous inspirons des attentes que nous avons perçues de nos enseignements.

Les ouvrages consacrés au droit international public font une place importante aux traités internationaux. Rédigés par des éminents maîtres, certains d'entre eux englobent l'ensemble de la matière et traitent de façon plus approfondie la question des traités internationaux. Nous pouvons dire avec le professeur Olivier CORTEN[1] qu'« il existe également plusieurs Manuels de droit des traités particulièrement utiles[2] sans compter que, fort logiquement, chaque ouvrage de droit international

[1] O. CORTEN, *Méthodologie du droit international public*, Bruxelles, Éditions de l'Université de Bruxelles, Collection UB lire, 2009, p. 138.

[2] P. RETEUR, *Introduction au droit des traités*, 3è éd. par Ph. CAHIER, Paris, PUF, 1995 ; J. COMBACAU, *Le droit des traités*, Paris, PUF, Que sais-je ? 1991; I. SINCLAIR, *The Vienne Convention on the Law of Treaties*, second ed., Manchester, MUP, 1984, 270 p.; A. AUST, *Modern Treaty Law and Practice*, second ed., Cambridge, CUP, 2007, 610 p.

général compte une partie substantielle consacrée à ce domaine »[3].

Notre intention, dans ce Manuel, n'est évidemment pas de proposer leur équivalent : elle se situe dans une perspective plus modeste qui consiste à préparer les étudiants à la connaissance de la vie internationale. Il s'appuie sur de nombreuses références aux Manuels usuels et traités de droit international, souvent utilisés par les étudiants en complément de leurs cours.

En effet, un traité diffère-t-il d'un Manuel ? Le premier s'efforce de donner une vue aussi complète que possible du sujet, alors que le second expose seulement les connaissances que l'auteur estime utiles au public auquel il s'adresse. Notre public est composé d'étudiants.

Toutefois, jusqu'ici, les étudiants ne disposent pas d'un Manuel spécifique, conçu pour compléter leur connaissance en droit des traités internationaux dans notre pays. C'est donc avant tout en vue de leur faciliter la tâche que ce Manuel a été élaboré. C'est aussi la raison qui nous a incité à le concevoir à la fois comme un instrument de travail, et comme un instrument de référence où l'essentiel de ce qu'il est nécessaire de connaître est contenu. Il est ici présenté de façon concise et précise.

---

[3] Voy. P. DAILLIER, A. PELLET, NGUYEN QUOC DINH, *Droit international public*, 7è éd., Paris, LGDJ, 2002, pp. 117-317 ; P.M. DUPUY, *Droit international public*, 9è éd., Paris, Dalloz, 2008, pp.281-342 ; J. VERHOEVEN, *Droit international public*, Paris, Larcier , 2000, pp.365-441.

Nous remercions le Professeur BALINGENE KAHOMBO qui nous a aidé à préparer le questionnaire pour assurer la bonne compréhension de chaque chapitre. Qu'il soit aussi sincèrement remercié mon Assistant scientifique Maître Jimmy KAMUNGA NGALULA qui a mis au net le texte final et nous a aidé à faire l'index de ce Manuel.

INTRODUCTION

Les traités sont une source par excellence du droit international général. Ils constituent à nos yeux le moyen le plus sûr, sinon le seul, par lequel les sujets du droit international établissent des relations stables et sûres entre eux. « La plupart, sinon tous les domaines du droit international public sont régis par du droit direct ou dérivé des traités »[4]. Grâce aux traités, les États fondent le respect de leurs intérêts au sein de la société internationale, font la paix avec d'autres sujets du droit international et engagent leur responsabilité au niveau international. Ces accords internationaux régulièrement conclus sans violation du droit interne sont valides. C'est sous cet angle que nous nous proposons de l'envisager dans cette étude.

Il est donc constaté que le traité, la convention, le protocole, la déclaration, l'accord ou l'échange de notes demeurent des moyens par lesquels un État exprime sa volonté de s'engager pour mener des relations harmonieuses au sein de la communauté internationale dont il fait partie. Par ces moyens, il s'acquitte unilatéralement de ses obligations envers d'autres États. Par ces engagements, les intérêts de l'État contractant sont en jeu. Les États apprécient les intérêts qui les lient à la société internationale selon leur convenance et les critères d'appréciation diffèrent d'un État à l'autre. Les idéologies politiques jouent à ce niveau une importance capitale. Si le traité ne brime pas les intérêts de l'État, celui-ci y adhère, sans ou avec réserves, et dans ce cas, il en fait partie. La réglementation des normes conventionnelles est apparue avec l'instauration en Europe et en Amérique du Nord des

---

[4] Dionisio ANZILOTTI écrivait déjà en 1929 que « la plus grande partie des rapports entre les États est d'ores et déjà réglée par des traités », Cours de droit international, *op. cit.*, p. 74.

régimes démocratiques républicains qui retiraient au monarque la prérogative exclusive de conclure les traités sans requérir l'avis d'aucun autre organe de l'État.

Comme l'histoire de la révolution anglaise de 1688 en témoigne, le peuple, qui avait arraché à la monarchie le *Bill of Rights*, était imbibé des idées que professaient les grands philosophes de l'époque, notamment LOCKE, J., *Essay on Civil Government*; ROUSSEAU, J.-J., *Les lettres écrites de la Montagne*, partie II, Chapitre VII ; MONTESQUIEU, *De l'esprit des lois*, Livre XI, Chapitre VI. Tout indique que rien ne pouvait soulever ce peuple contre le pouvoir exclusif du monarque à conclure seul les traités qui engageaient, par ailleurs, la responsabilité de l'État. Comme le notait déjà PALLIERI, jusqu'au XVIIIe siècle, la conclusion des traités dans les États qui constituaient la communauté internationale d'alors était sommairement réglementée, car elle entrait dans les attributions exclusives du prince[5].

Avec la victoire des colonies anglaises d'Amérique du Nord dont le Canada faisait partie, le pouvoir exclusif que détenait la Reine sur sa colonie en matière des relations internationales a été restreint. Aux États-Unis d'Amérique, le président et le Congrès devenaient d'une manière révolutionnaire les seuls organes qui devaient conclure les traités de paix ou de guerre. En 1787, on parle d'une première constitution écrite qui créa la fédération américaine et qui dispose à son article II, section 2, que :

Il [le Président] aura le pouvoir sur l'avis et du consentement du Sénat, de faire les traités, pourvu que les deux-tiers des sénateurs présents soient d'accord.

---

[5] G. B. PALLIERI, « La formation des traités dans la pratique internationale contemporaine », (1949) 1 R.C.A.D.I., pp. 465-545 et, surtout, 470.

Il est donc clair que cette disposition constitutionnelle consacre la participation du pouvoir législatif à la conclusion des traités. Il s'agit d'une répartition équitable de la compétence en matière de conclusion des traités entre l'exécutif et le législatif.

Le principe selon lequel le pouvoir émane du peuple qui l'exerce par ses représentants incarne la Révolution française de 1789. Le pouvoir législatif qui légifère au nom du peuple a pu limiter sensiblement la compétence royale en matière de conclusion des traités.

Le peuple français ayant compris que l'application d'un traité sur le plan interne exige l'élaboration des nouvelles lois afin d'incorporer le droit international au système juridique national, a voulu participer à une telle élaboration à travers ses représentants. Déjà, en son temps, PÉTION n'avait pas hésité un seul moment à déclarer au cours de son intervention à l'Assemblée constituante[6] de 1790, à la séance du 17 mai, que « les traités, de quelque nature qu'ils soient, d'alliance ou de commerce, ne sont autre chose que des lois de nation à nation... Or, s'il n'appartient pas au pouvoir exécutif de faire les lois les plus simples, comment pourrait-on lui donner le droit d'en conclure d'aussi importants ? »[7].

La Loi fondamentale du 19 mai 1960 relative aux structures du Congo ancienne colonie belge, actuelle

6 Est une assemblée spécialement élue pour élaborer ou réviser une constitution. Une fois que la constitution est établie ou révisée, elle doit automatiquement disparaître.

7 B. MIRKINE-GUETZEVITCH, « Droit international et droit constitutionnel », 1931 IV, R.C.A.D.I., pp. 307-465 ; Voir aussi l'intervention de l'Abbé MAURY rapportée par le même auteur, pp. 360-361.

RDC, n'échappera pas à l'influence de la constitution belge. Elle dispose à son article 25 que :

« Le chef de l'État fait des traités. Les traités n'ont d'effet qu'après avoir reçu l'assentiment des Chambres, sous forme de loi ».

Le principe de la séparation de compétence entre l'exécutif et le législatif est la conséquence de la participation indirecte des gouvernés au processus d'introduction des traités en droit interne pour que ces dispositions puissent avoir des effets en droit interne. Il s'agit, de nos jours, d'un principe charnière rigoureusement respecté et admirablement enchâssé dans plusieurs constitutions.

Généralement, au niveau interne, la constitution d'un État organise le pouvoir de l'organe ou des organes compétents pour conclure les traités, la procédure à suivre pour exercer leur compétence et l'introduction des normes conventionnelles dans l'ordre juridique interne en vue de leur application[8].

En République Démocratique du Congo, comme on le sait, la conclusion des traités est une prérogative du Président de la République[9]. Au Canada[10], avec

---

[8] A.-M. JACOMY-MILLETTE, *L'introduction et l'application des traités internationaux au Canada*, Paris, L.G.D.J., 1971, 357 p.

[9] En vertu de l'article 213 de la Constitution de la RDC, « Le Président de la République négocie et ratifie les traités et accords internationaux. Le Gouvernement conclut les accords internationaux non soumis à la ratification après délibération en conseil des Ministres. Il en informe l'Assemblée nationale et le Sénat ».

[10] Voy. Opération Dismantle c. R. [1985] 1 R.C.S. 441, 463-464 (J. WILSON); extraits dans J.Y. MORIN ; F. RIGALDIES ; F. D. TURP, *Droit international public*, Notes et documents, t. II, (Documents d'intérêt canadien et québécois), Montréal, Thémis, 1988, n°. 134 ; Voir aussi : C. EMANUELLI, *Droit international public : les fondements, les*

l'avènement du principe du gouvernement responsable, cette prérogative est passée entre les mains du gouvernement élu ; le monarque s'acquitte seulement des formalités nécessaires.

La Loi constitutionnelle canadienne de 1867 à son article 9 confère le pouvoir exécutif à la Reine et à son représentant au Canada, le Gouverneur général. Actuellement, le pouvoir royal en matière de conclusion des traités est passé au gouvernement responsable. Mais curieusement, ce pouvoir est demeuré entre les mains du Gouverneur général comme en témoignent les lettres patentes de 1947 par lesquelles il y a eu un transfert de pouvoirs du monarque en matière de traités au Gouverneur général. Il a donc fallu attendre en octobre 1977 l'entente qui est intervenue entre le Premier ministre Pierre E. TRUDEAU et la Reine ELISABETH II qui a consacré dans les faits la situation juridique existante. Dès lors, la conclusion des traités est demeurée une prérogative du pouvoir exécutif[11]. Toutes les constitutions que le Congo a connues attribuent ce pouvoir au chef de l'État.

Si aux États-Unis le Congrès joue un rôle important dans la conclusion des traités, cependant, le Parlement canadien joue un rôle réduit à un simple contrôle politique qui se limite à un duel oratoire lorsque le gouvernement responsable informe les députés en Chambre de la teneur d'un accord.

Nous allons jeter un regard rétrospectif pour voir si les provinces d'un État fédéral ont la compétence de conclure

---

sources, les États, T. I, Montréal, Ed. Wilson & La fleur Ltée, 1990, p. 63.

[11] Voy. A.G. Canada c. A.G. Ontario (Avis sur les conventions du travail) [1937] A.C. 326, 347-348 ; extraits dans J.Y. MORIN ; F., RIGALDIES ; F. et D., TURP, op. cit., n°122.

des traités internationaux en leur propre nom sans l'avis et le consentement du pouvoir fédéral. La thèse fédérale et la thèse québécoise sur la procédure interne de la conclusion des traités sont examinées dans cette étude.

Avec l'accession de la RDC à la souveraineté internationale, le problème de la succession des États en matière des traités se pose. Un certain nombre des traités signés par le Royaume de Belgique ont presque été tous acceptés par le Congo. Le Canada a fait de même face aux traités d'extradition, qui ont été conclus par la Grande-Bretagne au nom du Canada, et qui sont d'ailleurs en vigueur[12]. Le Canada a accepté la quasi-totalité de ces traités en exprimant son consentement, lequel consentement est manifesté selon les prescriptions constitutionnelles.

À dire vrai, l'ordre juridique interne et l'ordre juridique international se donnent la main pour produire un effet juridique à l'accord international. C'est une question de respect de la procédure. Gardons à l'esprit que l'accord international est un processus à procédure. Ici, une question peut être posée : la violation d'une norme de procédure édictée par l'un ou l'autre ordre juridique est-elle sanctionnée par tous les deux ? L'opinion est donc partagée sur la primauté du droit international sur le droit national.

Le principe de la primauté du droit international sur le droit interne en matière d'application de traité est d'une complexité sans équivoque. Lorsqu'il (le traité) est conclu sans respect des règles de l'ordre juridique international, il

[12] L'article 3 de la Loi sur l'extradition prévoit l'application dans le droit canadien de tout traité d'extradition auquel le Canada est partie. Cet article prévoit même la primauté de tout traité d'extradition auquel le Canada est partie sur la Loi ; voir L.R.C. (1985), chap. E-23.

sera sans effet sur le plan international. Mais qu'adviendra-t-il s'il est conclu en violation de l'ordre juridique interne ? La doctrine sur cette question est également partagée entre les dualistes[13] et les monistes[14].

La violation des normes juridiques internes lors de la conclusion des traités sera-t-elle sanctionnée par le droit international ? La volonté d'un État peut-elle être engagée par un individu qui, selon le droit interne, n'a pas la compétence d'engager l'État sur le plan international ?

Pour une solution convenable aux traités irrégulièrement conclus, il faut d'abord se référer au droit international coutumier et conventionnel pour en établir la validité de tels traités. Dans certains pays du tiers monde, qui ont connu des dictatures où un individu ou un groupe d'individus s'empare du pouvoir et conclut rapidement des traités avec d'autres États qui les ont reconnus ou les ont aidés pour conquérir le pouvoir, demeure une situation

---

[13] Les dualistes prônent l'égalité entre le droit international et le droit interne. Ils soutiennent que les deux systèmes non seulement sont égaux, indépendants l'un de l'autre et séparés, mais aussi ils ne se confondent jamais. La doctrine dualiste est une conception qui a été défendue en Allemagne par Triepel, Volkerrecht und Landesrecht, Leipzig, 1899, trad, en français par René BRUNET sous le titre : Droit international et droit interne et en Italien par ANZILOTTI, Il dirritto internazionale nel giudizi interni, Bologne, 1905 ; TRIEPEL, H., « Les rapports entre le droit interne et le droit international », 1923, 1, R.C.A.D.I., p. 79; KELSEN, H., « Les rapports de système entre le droit interne et le droit international public », (1926) IV R.C.A.D.I., p. 231.

[14] Les monistes prônent la conception unitaire du droit. Cette conception est fondée sur le principe de subordination, en d'autres termes les normes juridiques sont subordonnées les unes aux autres, comme dirait Charles ROUSSEAU, dans un ordre rigoureusement hiérarchique. La littérature juridique nous conduit à remarquer que cette doctrine est divisée entre le monisme avec primauté du droit interne et le monisme avec primauté du droit international.

résolue au niveau international. C'est un principe bien établi du droit des gens que l'existence du traité reste imperméable au phénomène de la succession des gouvernements et aux fluctuations des régimes politiques ; le traité lie l'État en tant que personne morale et son application ne saurait dépendre du choix des gouvernements[15]. Comment le gouvernement qui succède au pouvoir légalement peut-il contester la validité des traités conclus par son prédécesseur ? Il s'appuiera sur l'ordre juridique interne pour contester la volonté déclarée et la validité de l'acte pour mieux défendre ses intérêts.

---

[15] J.-M. ARBOUR, *Droit international public*, 3ème édition, Cowansville, Yvon Blais, 1997, p. 91.

CHAPITRE I.

LE TRAITE INTERNATIONAL ET SON CONTENU

Avec l'apparition des organisations internationales au XXème siècle, la définition du droit international donnée au XVIème siècle venait à être dépassée en tenant compte des nouveaux rapports internationaux. Ceux-ci sont harmonisés à la suite des traités signés librement par les sujets premiers du droit international. En effet, les traités sont très fréquents dans les rapports internationaux, car bien adaptés au volontarisme. On conçoit mal que les États souverains et jaloux de leur souveraineté puissent tolérer d'être soumis à des règles de droit qui leur imposent une certaine conduite sans leur consentement. Un traité suppose donc un concours de volonté des États ou des entités non étatiques telles que le Saint-Siège ou des organisations internationales qui peuvent également signer les traités car ils ont le *jus tractus.*

Section I. Définition du droit international

Le droit international se définit comme le droit applicable à la « société internationale ». Sous la plume de certains auteurs de la génération précédente, ces éminents auteurs présentent le droit international comme le droit de la « communauté internationale ». Sans ouvrir un débat académique, le concept de « communauté internationale », nous le savons bien, est mis en question par les auteurs contemporains. Ce droit s'applique, d'une part, à la société nationale et d'autre part, à la société internationale. Toutes les deux sociétés ont besoin du droit et tout droit, il est vrai, est un produit social. Pour tout dire « *ubi societas, ibi jus* ». Cette vérité s'affirme et s'affirmera dans le temps et dans l'espace.

Partant d'une obligation solidement posée sur la distinction faite par une théorie sociologique allemande entre « communauté » (*Gemeinschaft*) et « société » (*Gesellschaft*), il y a lieu de confirmer que la « communauté » évoque le sentiment d'amitié et la « société » réveille l'idée des intérêts. Or, les souverainetés ne se lient jamais par amitié. Elles ne sont jamais amies, elles n'ont que des intérêts à défendre dans leurs relations réciproques. Donc le concept de « société internationale » sera le mieux concevable dans les relations interétatiques.

Tant pour des considérations historiques liées directement à la constitution des États modernes à partir du XVIème siècle que pour l'essentiel de son contenu actuel, le droit international public comprend l'ensemble des règles qui déterminent les droits et les obligations respectives des États dans leurs relations réciproques. Cependant, avec l'apparition et la prolifération des organisations internationales qui caractérisent le XXème siècle, cette définition apparaît de moins en moins exacte dans la mesure où elle laisse dans l'ombre l'existence de rapports internationaux établis par des acteurs[16] ou des sujets qui ne sont pas forcément des États. Aussi nous semble-t-il préférable d'entendre par l'expression « droit international public » l'ensemble des normes juridiques qui régissent les relations internationales, étant entendu que le champ des relations internationales, englobe non

[16] Nous employons ce terme comme synonyme de sujet de droit international qui est revêtu conséquemment de la personnalité internationale. Pour une définition plus large telle qu'entendue couramment par la science politique ; Voy. Marcel MERLE, *Sociologie des relations Internationales*, 3e éd., Paris, Dalloz, 1982, p.295 : « Par acteur, il faut entendre toute autorité, tout organisme, tout groupe et même à la limite, toute personne susceptible de « jouer un rôle » dans le champ social-en l'espèce sur la scène internationale ».

seulement les relations entre États mais aussi celles entre États et organisations internationales de même que celles que peuvent entretenir les organisations internationales entre elles[17]. L'expression « droit international » est employée conformément au langage courant et concerne essentiellement le droit international public[18].

Section II. Définition du traité international

La plupart, sinon tous les domaines du droit international public sont régis par du droit direct ou dérivé des traités[19]. Le droit des traités est, en droit international public principalement régi par la Convention de Vienne du 23 mai 1969 sur le droit des traités conclus entre États, qui est entrée en vigueur le 27 janvier 1980[20]. Une convention sur le droit des traités conclus entre États et organisations internationales ou entre organisations internationales a été adoptée en 1986, mais n'est toujours pas entrée en vigueur[21]. Il va de soi que tout chercheur confronté à un problème de droit des traités sera tenu de recourir à ces instruments, dont bon nombre des dispositions sont aujourd'hui considérées comme relevant du droit coutumier[22].

---

[17] J.-M. ARBOUR, *op. cit.* p. 617.

[18] B. MULAMBA MBUYI, *Introduction à l'étude des sources modernes du droit international public*, Bruxelles, Québec, Bruylant, Les Presses de l'Université Laval, 1999, p. 57.

[19] Dionisio ANZILOTTI écrivait déjà en 1929 que « la plus grande partie des rapports entre les États est d'ores et déjà réglée par des traités » Cours de droit international, *op. cit.*, 74.

[20] RTNU, vol. 1155, p. 331.

[21] Doc. A/CONF.129/15, http://treaties.un.org/Pages/ViewDetails.aspx?src=TREATY&id=469&chapter=23&lang=fr#1.

[22] Voir les précisions à ce sujet, pour chacun des articles de ces conventions, dans O. CORTEN et P. KLEIN (dir.), La Convention de

Tenant compte des efforts longuement accomplis par la Commission du droit international des Nations Unies, laquelle a retenu le texte ci-après, pour réunir une majorité approximative autour du concept, il en est dérivé une définition toute générique.

La Conférence de Vienne convoquée par l'Assemblée générale des Nations Unies a adopté, le 23 mai 1969, une Convention sur le droit des traités, laquelle constitue le couronnement d'étude de nombreuses années et de travaux préparatoires soumis par la Commission des Nations Unies pour le droit international[23]. Le droit des traités est, en droit international public principalement régi par la Convention de Vienne de 1969 sur le droit des traités conclus entre États, qui est entrée en vigueur le 27 janvier 1980[24]. Une convention sur le droit des traités conclus entre États et organisations internationales ou entre organisations internationales a été adoptée en 1986, mais n'est toujours pas entrée en vigueur[25]. Il va de soi que tout chercheur confronté à un problème de droit des traités sera tenu de recourir à ces instruments, dont bon nombre des

---

Vienne sur le droit des traités. Commentaire article par article, 3 vol., op.cit.

23 Lire : KEARNEY, DALTON, « The treaty on treaties » (1970), American Journal of International Law, p. 495; NEWHOLD, « The 1968 Session of the United Nations Conference on the Law of Treaties » (1969), in : Zeit. off. Recht., p. 69; SINCLAIR, « Vienne Conference on the Law Treaties» (1970), International Comparative Law Quarterly, p. 47; MARESCA, Il diritto dei trattati, Milano, 1970.

24 RTNU, vol. 1155, p. 331 (http://treaties.un.org).

25 Doc.A/CONF.129/15, http://treaties.un.org/Pages/ViewDetails.aspx?src=TREATY&id=469&chapter=23&lang=fr#1.

dispositions sont aujourd'hui considérées comme relevant du droit coutumier[26].

La conférence avait adopté l'article 2(a) dont la teneur est la suivante : « L'expression traité s'entend d'un accord international conclu par écrit entre États et régi par le droit international, qu'il soit consigné dans un instrument unique ou dans deux ou plusieurs instruments connexes et quelle que soit sa dénomination particulière. »

Le terme traité est souvent utilisé pour désigner un accord bilatéral. Il a été conçu à l'époque où l'élaboration revêtait une forme solennelle qui exigeait une ratification par un organe compétent au regard du droit interne. Certains traités sont conclus par des autorités non étatiques ; d'autres, bien que conclus entre États, sont dépourvus de force contraignante à l'égard des parties : ils constituent le droit international « flexible » (« *soft law* ») et comprennent notamment les accords informels appelés « *gentleman's agreement* », ou selon la nouvelle terminologie française, des actes « concertés non conventionnels » qui engagent seulement « l'honneur » des gouvernements qui les ont conçus.

Section III : La terminologie

Le mot « traité » a un sens fort général[27]. Certains traités portent des noms particuliers. Le traité constitutif

---

26 Voy. les précisions à ce sujet, pour chacun des articles de ces conventions, dans O. CORTEN et P. Klein (dir.), *Les Conventions de Vienne sur le droit des traités. Commentaire article par article*, 3 vol., Bruxelles, Bruylant, 2006.

27 J. A, BARBERIS, « Nouvelle question concernant la personnalité juridique internationale », RCQDI, 1983, I, p. 168 ; J. A, BARBERIS, « Le concept de traité international et ses limites », AFDI, 1984, pp. 239-270 ; Ph. GAUTIER, Essai sur la définition des traités entre Etats, Bruxelles, Bruylant, 19 M. VIRALLY, « Sur la

de l'ONU est désigné sous le nom de Charte. Le traité de l'Atlantique Nord est souvent qualifié de Pacte atlantique et les textes du traité de Versailles créant la Société des Nations portaient aussi le nom de Pacte.

La terminologie n'est pas un élément déterminant quant au caractère d'un accord ou d'un engagement international. Dans la pratique des États et des organisations internationales, comme dans la jurisprudence des tribunaux internationaux, on trouve des usages très variés ; le caractère de dispositions conventionnelles a été attribué à de nombreux types d'actes différents[28] .

On parle à juste titre de convention, de déclaration, de protocole, d'échange de notes, de statut, de modus vivendi, de pacte, de concordat, etc. Cette terminologie est d'usage dans le langage juridique. A.E. GOTLIEB, qui l'a recensée dans la littérature juridique canadienne, indique dans son ouvrage qu'entre 1907 et 1967, le Canada a utilisé 34 expressions[29]. Cependant, cette terminologie est employée sans règle fixe et sans aucune préoccupation d'uniformité. Cette latitude d'expression a fait qu'il est impossible de parvenir à une définition exhaustive de ce qu'on peut entendre d'un traité international.

La Convention est un accord ouvert à la signature de tous les États membres de l'ONU et à tout autre État

---

notion d'accord », Mélanges Bindscher, 1980, pp. 159 -172 ; P. REUTER, « Traités et transactions -réflexions sur l'identification de certains engagements conventionnels », in Mélanges AGO, I, pp. 399-415.

28 *Affaire du Sud-Ouest africain* (Éthiopie c. Afrique du Sud ; Liberia c. Afrique du Sud), Exceptions préliminaires, arrêt du 21 décembre 1962, C.I.J/ Recueil 1962, p. 331.

29 A.E. GOTLIEB, *Canadian Treaty Making*, Toronto, Butterworths, 1968.

auquel l'Assemblée générale aura adressé une invitation à cet effet. Elle a un caractère universel ou multilatéral.

Le Protocole est un accord qui complète un accord précédent ou qui l'amende. Sur le plan technique, on oppose le traité proprement dit et le protocole qui est un texte moins important ou plus bref qui se borne généralement à apporter une précision ou à exprimer une réserve[30]. À titre d'exemple, le Protocole relatif au statut des réfugiés du 31 janvier 1967[31], rattaché à la Convention de Genève de 1951, étendait son application sans aucune limitation dans le temps et dans l'espace (art. 1(3).

Les « Protocoles » sont en général des instruments juridiques de nature soit auxiliaire, soit supplémentaire, soit complémentaire.

En tant qu'accords auxiliaires, ils servent à la mise en œuvre de leur traité principal, comme le Protocole facultatif au Pacte international relatif aux droits civils et politiques de 1966, donnant aux individus le droit de saisir directement une instance internationale. En tant qu'accords supplémentaires, ils peuvent s'ajouter aux traités originels comme dans le cas des Protocoles additionnels aux Conventions de Genève du 12 août 1949 (dites de la Croix - Rouge) datant de 1977.

Finalement, les Protocoles complémentaires sont d'ordinaire prévus dans les accords principaux. Cette

---

[30] C.-A. COLLIARD, *op. cit.*, p. 261.

[31] Le protocole a été signé par le président de l'Assemblée générale et par le Secrétaire général en date du 31 janvier 1967. Voir le texte de la résolution 2198 (XXI) de l'Assemblée générale du 16 décembre 1966 sur l'adhésion au protocole de 1967 relatif au statut des réfugiés : Nations Unies, *Recueil des traités*, n° 8791, vol. 606, p. 267 ; Voir aussi B. MULAMBA MBUYI, Les réfugiés et le droit international, *op. cit.*, p. 82.

technique est commune dans le secteur de l'environnement où les protocoles concrétisent les dispositions d'une convention cadre comme dans le cas du Protocole de Cartagena sur la prévention des risques biotechnologiques relatifs à la Convention sur la diversité biologique, adopté en 1999 en vertu de l'article 19, § 3 de cette convention qui date de 1992 (le Protocole n'est pas encore entré en vigueur).

Notons qu'en passant, nous avons rencontré ci-dessus la dénomination de « Statut » (Statut de la Cour internationale de justice, Statut de Rome de la Cour pénale internationale de 1998) et de « Pacte » (Pacte international relatif aux droits civils et politiques, Pacte International relatif aux droits économiques, sociaux et culturels).

La Déclaration est une résolution adoptée par l'Assemblée générale des Nations Unies dans le but d'énoncer et de créer un *modus vivendi* au sein de la communauté internationale. On la considère à juste titre comme un code d'éthique entre les États. Sa valeur juridique est souvent controversée, car elle n'est assortie d'aucun mécanisme de garantie.

Que l'on ne confonde pas la déclaration de paix au traité de paix. La première peut être un simple discours tenu par un Chef d'État ou de gouvernement ou encore par le Ministre des affaires étrangères pour réclamer un « cessez-le-feu » de la partie adverse tandis que le second est négocié et conclu sous le principe de non-agression et de bon voisinage.

L'Accord est une forme de traité bilatéral non soumis à la ratification et qui entre en vigueur dès sa signature. On l'a souvent taxé de traité de moindre importance. Cependant, cet accord en forme simplifiée connaît un important développement à l'époque contemporaine et n'est nullement un traité d'importance secondaire.

L'Échange de notes est la forme la plus courante dans les relations bilatérales du Canada par laquelle deux États expriment leur volonté de prendre un engagement spécifique sur une base réciproque ou unilatérale[32].

Le Concordat est un traité conclu entre le Saint-Siège et un État en vue de régler la condition de l'Église et du culte dans cet État. Les intérêts du « spirituel » sont la préoccupation dominante de l'accord[33].

Notre énumération des catégories de traités internationaux est loin d'être définitive à cause de diverses particularités que revêtent certains accords conclus entre les États. La distinction terminologique importe peu, car ce qui compte, c'est l'élaboration, le contenu et la manifestation libre de volonté des Hautes parties contractantes en vue de donner un effet aux accords. Le droit des traités, comme on le sait, s'applique à tous ces instruments quelle que soit leur terminologie ou dénomination. La clef de voûte étant le principe de « *Pacta sunt servanda* », on doit observer ce dont on a convenu. Le traité international est le terme le plus utilisé

---

[32] A. GOTLIEB, *op. cit.*, pp. 55-57 ; J.-G. CASTEL , *International Law Chiefly as Interpreted and Applied in Canada*, 3e éd., Toronto, Butterworths, 1976, p. 918; Ch. ROUSSEAU, Droit international public, 4 vol., t. I, Paris, Sirey, 1970-1980, p. 67. Voir aussi A.L.C. ; S.A. WILLIAMS., Introduction au droit international public tel qu'il est interprété et applique au Canada, Toronto, Butterworths, 1987, p. 276.

[33] Le plus ancien concordat est celui de Worms (1122) entre Calixte II et Henri V et François 1er. Le concordat entre Bonaparte et Pie VII, conclu le 16 juillet 1801, a réglé les rapports de la France avec le Saint-Siège et de l'État avec l'Église jusqu'à la loi du 9 décembre 1905. Aux XIXe et XXe siècles, de nombreux concordats furent signés par les papes, notamment par Pie VII, Pie IX et Pie XI.

pour désigner les traités multilatéraux. Nous l'utiliserons aussi dans cet ouvrage.

Section IV : Détermination des sources formelles par l'article 38 (1) du Statut de la C.I.J

Les sources du droit international public sont énoncées à l'article 38 (1) du Statut de la Cour internationale de justice qui dispose :

« 1. La Cour, dont la mission est de régler conformément au droit international les différends qui lui sont soumis, applique :

a. les conventions internationales soit générales, soit spéciales, établissant des règles expressément reconnues par les États en litige ;
b. la coutume internationale comme preuve d'une pratique générale, acceptée comme étant le droit ;
c. les principes généraux de droit reconnus par les nations civilisées [34] ;
d. sous réserve de la disposition de l'article 59 [La décision de la Cour n'est obligatoire que pour les parties en litige et dans le cas qui a été décidée.] les décisions judiciaires et la doctrine des publicistes les plus qualifiées des différentes nations, comme moyen auxiliaire de détermination des règles du droit.

2. En outre, la Cour peut statuer « *ex aequo et bono* », c'est-à-dire selon l'équité, si les parties sont d'accord ».

Toutefois, en plus des sources mentionnées par le Statut de la Cour internationale de justice, il existe aussi les actes unilatéraux des organisations internationales et des États.

---

[34] Par cette formule archaïque de « nations civilisées », il faut entendre « l'ensemble des nations. »

A dire vrai, il n'existe pas de hiérarchie entre ces différentes sources du droit international. En revanche les normes qui en sont issues sont subordonnées entre elles à partir de deux principes d'interprétation classiques : les normes spéciales dérogent aux normes générales et la règle la plus récente prime sur la règle la plus ancienne[35].

Non seulement les traités se révèlent-ils en vertu de l'article 38(1) du Statut de la Cour internationale de justice comme les sources écrites du droit international, mais ils sont aussi un moyen moderne par lequel les États coopèrent harmonieusement sur une base stable et sûre et règlent leurs différends.

Les traités sont presque inhérents aux relations internationales et l'on a découvert en 1975 un traité qui remonte à environ 2.500 ans avant Jésus-Christ, conclu entre le royaume d'Ebla (Syrie du Nord) et celui d'Abousal (Euprate central)[36]. Le Traité perle (vers 1290 av. J.-C) conclu entre Rames II et le roi des Hittites, présentais déjà toutes les caractéristiques du traité contemporain : fondé sur la règle *pacta sunt servanda*, il posait les règles d'une alliance et d'une coopération réciproque en matière d'extradition des réfugiés politiques[37]. « Cependant, on oppose classiquement au regard du contenu des conventions, les traités-lois aux traités-contrats[38]. » En 1980, le Canada était partie à 1.125

---

[35] E.-R. PERRIN, *Les grands problèmes internationaux*, Paris, Masson, 1994, p. 164.
[36] P.-M. DUPUY, *Droit international public*, Paris, Dalloz, 1993, p. 181.
[37] G. AGIEL, *Droit des relations Internationales*, Paris, Hachette, Les Fondamentaux, 1997, p. 14.
[38] R.-J. DUPUY, *Op. cit.*, p. 48.

traités environ (approximativement 570 bilatéraux et 375 multilatéraux)[39].

§ 1. Les Traités - lois

En vérité les traités-lois sont considérés comme sources du droit international et ils sont généralement multilatéraux. Ils reflètent le caractère universel dont l'objet est de poser une règle de droit, c'est-à-dire d'établir une situation juridique impersonnelle et objective. Par exemple : la protection internationale des réfugiés[40], la protection des victimes de guerre, le génocide. Ces traités-lois intéressent actuellement au plus haut niveau la communauté internationale. Leur conclusion et leur exécution constituent l'essentiel de cette étude.

Généralement, ces traités-lois sont conclus sous l'égide des Nations Unies entre les parties qui visent le même but et qui souscrivent aux mêmes obligations. C'est la notion de *Vereinbarung* selon la terminologie allemande. Comme au niveau interne, le Parlement se réunit pour voter des lois, les États répondent à l'appel du Secrétaire général des Nations Unies et se réunissent en Assemblée générale pour établir les traités-lois. La Convention de Vienne sur le droit des traités de 1969 est un de ces « traités-lois »[41]. Elle est une codification des coutumes internationales

[39] Voir La chronique de la pratique canadienne en droit international, (1980) XVIII, A.C.D.I., 314.

[40] La Convention a été adoptée par la Conférence de Plénipotentiaires des Nations Unies sur le statut des réfugiés et des apatrides, qui s'est tenue à Genève du 2 au 25 juillet 1951. La Conférence a été réunie conformément à la résolution 429 (V), adoptée par l'Assemblée générale des Nations Unies le 14 décembre 1950. Pour le texte de cette résolution, voir Documents officiels de l'Assemblée générale, cinquième session, supplément No. 20 (A1775), p. 53 ; B. MULAMBA MBUYI, Les réfugiés et le droit international, *op. cit.*, p. 24.

[41] Voir Doc. N.U. A/Conf. 39/27 (1969).

relatives aux traités conclus entre États et complète les sources non écrites du droit international. Le statut de Rome instituant la CPI est aussi un traité-loi et la RDC est comptée parmi les États originaires car c'est par sa soixantième ratification que la CPI a vu le jour.

§2. Les Traités - contrats

Terme de doctrine vieilli. Traité consacré au règlement d'une situation juridique particulière, par un échange de prestation entre des contractants qui recherchent chacun la satisfaction d'un intérêt individuel[42].

Les traités-contrats par opposition aux traités-lois sont le produit d'un échange de volonté poursuivant des buts différents. « Les volontés des contractants s'y équilibrent et se balancent, l'un promettant une chose à l'autre qui, de son côté, lui fait une concession[43]. » « Ces traités-contrats contiennent à la charge des États uniquement des obligations particulières et concrètes comme celles qui découlent des contrats de droit civil[44]. » De la sorte, ils créeraient entre les cocontractants une situation juridique subjective.

Les analyses des auteurs généralement anciens font encore autorité, car il se dégage de leurs études une reconnaissance de cette catégorie de traité. En Allemagne, cette catégorie est reconnue par TRIEPEL[45] ; en Italie, par

---

[42] Sous la direction de Jean Salmon, Dictionnaire de droit international public, Bruxelles, Ed. Bruylant, 2001, p.1090.

[43] F. RUFFINI, « De la protection internationale des droits sur les œuvres littéraires et artistiques », (1926) II Rec. des cours de l'Académie de droit international, pp. 473-474.

[44] M. SIBER, *Traité de droit international public*, Paris, Dalloz, 1951, p. 184.

[45] Volkerrecht und Landesrecht, Leipzig, 1899, pp. 27-110.

ANZILOTTI[46] et DIENA[47]; en France, en 1908, par BASDEVANT[48] ; et d'autres encore. Retenons que les juridictions internationales ont bien plus souvent l'occasion d'appliquer des traité-contrats que des traités-lois.

Les traités-contrats sont conclus entre deux ou plusieurs États qui ont des objectifs différents (vente-achat). Ils sont une manifestation de la volonté des États parties de créer des règles de droit international coutumier pour un intérêt spécial. Ces traités-contrats ont un caractère local ou régional par opposition aux traités-lois qui sont normatifs, au vrai sens du mot. Un des meilleurs exemples serait celui de l'accord de libre-échange Nord-américain, communément appelé ALENA, entre le Canada, les États-Unis d'Amérique et le Mexique[49]. C'est un traité-contrat qui a un caractère régional (Nord-américain) et d'un intérêt spécial (commercial).

Quelle que soit la distinction que la littérature juridique pourra retenir entre traités-lois et traités-contrats, celle-ci n'offrira que peu d'intérêt, « car la force obligatoire de l'une et de l'autre catégorie est la même et, dans tous les cas, l'État est maître de son engagement. Or, tout le régime des accords est dominé par le souci de sauvegarder

---

[46] Teoria generale della responsabilita dello Stato nel diritto internazionale, Florence, 1902, pp. 25-75.

[47] DIENA, *Principi di diretto internazionale*, 2e éd., Napoli, 1908, pp. 14 et s.

[48] « La conférence de Rio-de-Janeiro de 1906 et l'Union internationale des Républiques américaines », (1908) Revue droit international public, p. 232.

[49] Voir D. TURP, « L'accord de libre-échange nord-américain et sa procédure générale de règlement des différends » (1992), 37, A.F.D.I., p. 808.

la libre manifestation de volonté des Hautes Parties contractantes[50]. »

C'est le triomphe de la volonté d'engagement des parties dans la conclusion des traités (traités-lois ou traités-contrats) que nous entendons démontrer dans cette étude.

§ 3. La distinction entre traités-lois et traités-contrats

Tout en reconnaissant les bases contractuelles du droit international conventionnel on a prétendu que seuls certains accords internationaux seraient susceptibles de constituer une telle base, tandis que d'autres accords entre États seraient d'une portée plus restreinte et n'entreraient pas en ligne de compte comme source de droit international. C'est la distinction bien connue qu'a faite TRIEPEL entre les traités-lois, les « *Vereinbarungen* », et les traités-contrats, les « *Verträge* ».Ceux-là seuls représentent une volonté commune des parties, issue de leurs déclarations de volonté identiques, et vu le fondement volontariste du droit postulé par TRIEPEL, cette catégorie d'accords internationaux pourrait être considérée comme sources du droit international, à l'exclusion des « *Verträge* », qui ne font qu'opposer deux déclarations de volonté séparées et contraires et qui sont, par conséquent, incapables de produire des normes juridiques.[51] Nous avons déjà réfuté les bases théoriques de cette conception, et il n'y aurait guère lieu de nous y arrêter si la doctrine de TRIEPEL n'avait exercé une

---

[50] R.-J. DUPUY, *op. cit.*, p. 48.

[51] H. TRIEPEL, Völkerrecht und, *op. cit.*, p. 70.

influence considérable, même sur les auteurs qui n'acceptent pas son point de départ.[52]

La distinction entre les deux catégories de traités a été introduite dans la doctrine anglo-saxonne par OPPENHEIM, qui a lancé le terme de « *law-making treaties* » pour désigner les traités qui seraient regardés comme source du droit international.[53] Ce terme a été repris par un grand nombre d'auteurs qui, cependant, n'attribuent pas tous la même signification à la distinction entre les « *law-making treaties* » et les autres traités. C'est ainsi qu'on est parvenu très souvent à confondre la distinction primitive de TRIEPEL avec une distinction qui se rapporte exclusivement au nombre des parties contractantes : sont classés comme traités-lois seulement les traités multilatéraux, tandis que les traités bilatéraux sont rangés, sans égard à leur contenu, dans l'autre catégorie. Telle est par exemple l'opinion de Quincy WRIGHT, qui se sert de cette distinction pour affirmer que les différentes méthodes d'interprétation s'appliquent à l'une et l'autre espèce de traités.[54] Mc. NAIR identifie

---

[52] Il a été relevé, d'ailleurs, que même en se basant sur les notions volontaristes de H. TRIEPEL, on serait amené à contester le bien-fondé de sa distinction entre les deux catégories d'accord. Dans l'un et l'autre cas les volontés des parties contractantes sont identiques ; quand bien même les prestations prévues par un « Vertrag » sont différentes suivant les parties, la volonté de chacune de celles-ci porte sur l'exécution de l'accord dans son ensemble, c'est-à-dire sur les deux prestations divergentes. H. KELSEN, « Contribution à la théorie du Traité international », *Revue internationale de la théorie du droit*, 1939, pp. 258 et suiv. ; T., GIHL, *International Legislation*, London, 1937, p. 50.

[53] H. LAUTERPACHT, I, p. 25 et p. 694.

[54] Q. WRIGHT, « The Interpretation of Multilateral Treaties », *Ameican Journal of international Law*, 1929, p. 101 ; Voy. aussi N. POLITIS, « Méthode d'interprétation du droit international conventionnel », *Recueil Gény*, p. 381 et D. SCHINDLER, Dietrich, Die Schiedgerichtsbarkeit seit 1914, Handbuch des Völkerrechts, Bd. V,

également le terme de « *law-making treaties* » avec les traités multilatéraux et prétend que certaines règles particulières s'appliquent à ces traités, non seulement au sujet de leur interprétation, mais aussi quant à leur terminaison.[55] Une acception plus restreinte semble être donnée au terme par Sir John Fischer WILLIAMS qui caractérise les « *law-making treaties* » par le fait qu'ils établissent des règles générales de droit auxquelles les parties sont prêtes à adhérer et auxquelles elles ne peuvent plus se soustraire. Le caractère « législatif » du traité se manifeste ainsi par le fait que les parties sont dans l'impossibilité de le dénoncer.[56]

Ces opinions se sont, cependant, considérablement éloignées de la doctrine primitive de TRIEPEL ; elles se proposent de démontrer que le traité en tant qu'instrument international est l'objet de différentes règles internationales suivant sa forme ou son contenu, mais les auteurs susmentionnés ne vont nullement jusqu'à prétendre que certains traités soient sans importance comme source de droit international. Or, de nombreux auteurs, qui pour des raisons d'ordre systématique ou pédagogique adoptent les termes de « traités-lois » et de « traités-contrats », ne manquent pas de souligner que l'une et l'autre catégorie de traités, sans distinction, créent du droit entre les parties. BRIERLY, par exemple, affirme que « même un traité-contrat est pour les parties une source de droit, car il crée pour elles des droits et des devoirs juridiques qui n'existeraient pas en ne se basant

---

Abt. 3, Stuttgart, 1938, dans Rec. Acad. Vol 46, 1933 IV, pp. 246 et suiv.

55 Mc. NAIR, *The Functions and differing legal Character of Treaties*, B.Y.B., 1930, pp. 112 et suiv.

56 J.-F. WILLIAMS, Aspects of modern, *op. cit.*, pp. 40 – 41 ; Voy. J.M. ARBOUR, *op. cit.*, p. 106.

que sur le droit général ».[57] LAUTERPACHT déclare également que les traités font le droit entre les parties et que tous les traités, à ce point de vue, sont créateurs de droit. « D'une manière métaphorique, admet-il, certains traités peuvent être qualifiés de créateurs de droit ou de législatifs, en tant qu'ils sont obligatoires entre un nombre considérable de signataires et posent des règles de conduite ayant un certain degré de généralité. Mais la différence entre ces traités et les autres n'est qu'une question de degré. »[58] Enfin, il y a lieu de signaler l'opinion de Charles De VISSCHER qui, faisant allusion à la distinction faite par la jurisprudence allemande entre le « *Rechtssatz* » et le « *Rechtsgeschäft* », affirme qu'il y a deux catégories de traités, se distinguant l'une et l'autre par leur objet : D'une part les traités par lesquels les parties se proposent de définir ou de créer une règle permanente et abstraite, destinée, dans leur intention commune, à devenir la norme de leurs relations à l'avenir, et d'autre part les traités par lesquels les parties cherchent un ajustement de leurs intérêts respectifs, non seulement particuliers, mais purement contingents ou transitoires. Malgré l'inspiration apparente que cette opinion a tirée de la doctrine de TRIEPEL, elle s'en distingue essentiellement en admettant que les traités du dernier groupe, eux aussi « font sans doute, la loi des contractants ; ils forment le droit objectif particulier des contractants ».[59]

La fonction créatrice de tout traité a été mise en évidence par KELSEN, qui a démontré d'une manière indiscutable, semble-t-il, que même en droit privé, le

---

[57] J.L. BRIERLY, Règles Générales, *op. cit.*, p. 72.
[58] H. LAUTERPACHT, Règles Générales, *op. cit.*, p. 156. cf. Travaux préparatoires, p. 779.
[59] Ch. De VISSCHER, Codification, *Op. cit.*, pp. 369 - 370

contrat considéré traditionnellement comme seule application du droit – acte juridique, « *Rechtsgeschäft* » - remplit en fait, lui aussi, la fonction de déterminer et de préciser les rapports juridiques entre les parties. Son caractère concret et individuel par rapport à la norme législative ainsi que les méthodes différentes de leur création ont induit dans l'erreur de le considérer comme essentiellement différent de celle-ci, alors que la différence n'est que de caractère quantitatif, une fois les normes établies. La norme législative dans sa forme typique, prévoit un nombre indéterminé de cas tandis que la norme contractuelle prévoit le plus souvent un seul acte ou un nombre déterminé d'actes. L'occurrence de contrats privés qui règlent un nombre indéterminé de rapports individuels fournit la preuve de la valeur relative de cette différence. Dans le domaine du droit international, il est d'autant plus évident que la différence entre la norme spéciale et la norme générale est purement quantitative. Les manières différentes de la création de nouvelles normes juridiques qui, à ce point de vue, prêtent à la confusion en droit interne, n'y exercent pas leur influence ; c'est toujours par les manifestations de volontés concordantes de deux ou plusieurs sujets que les nouvelles normes prennent existence. A ce propos, KELSEN rejette la distinction de TRIEPEL entre les volontés parallèles et les volontés contraires. Dans la conclusion de n'importe quel traité les volontés des parties portent sur le traité entier, soit que les obligations stipulées de la part et d'autre se croisent ou qu'elles soient parallèles. Les volontés et la norme contractuelle sont ainsi choses distinctes.[60]

La jurisprudence de la Cour ne laisse subsister aucun doute sur l'impossibilité de défendre la doctrine de

---

[60] H. KELSEN, Traités, pp. 254 - 260

TRIEPEL. Il est vrai qu'on a voulu trouver une consécration de cette doctrine dans le libellé de l'art. 38, (1), puisque cette disposition prévoit que la Cour appliquera les conventions « établissant des règles reconnues par les parties en litiges ». Cette phrase implique, a-t-on prétendu, qu'il y a des traités qui n'établissent pas de règles juridiques, et qui ne sont pas, par conséquent, au nombre de ceux dont la Cour fera application en vertu de la stipulation mentionnée.[61] Cette interprétation, toutefois, ne trouvera aucun appui dans la genèse de l'article, et nous n'avons trouvé dans la jurisprudence de la Cour aucune observation inspirée par une telle opinion. La Cour a invoqué comme base de ses décisions les conventions internationales conclues dans les formes les plus variées et ayant trait aux sujets les plus divers. Traités collectifs et traités bilatéraux ont été employés indistinctement, comme bases de décisions, et la Cour s'est appuyée, pour déterminer les rapports juridiques des parties sur des traités établissant des règles abstraites et générales, tels que la Convention de Barcelone de 1921 sur le transit, aussi bien que sur des traités, dont le but était d'accorder des intérêts opposés, tels que les traités sur la cession de territoires, sur l'échange de minorités nationales etc. lorsqu'on passe en revue le grand nombre des traités appliqués par la Cour dans les différentes affaires, on se rend compte, d'ailleurs, que la distinction établie par certains auteurs entre les règles générales issues d'une communauté d'intérêts et les

---

[61] Q. WRIGHT, « The interpretation of multilateral treaties », *Am.J.*, 1929, p. 99 ; M. HUDSON, *The Permanent Court of International Justice*, New-York, 1934, pp. 525–526, qui ajoute, toutefois, qu'un traité stipulant une obligation sans créer une norme générale serait néanmoins à appliquer par la Cour, sinon en vertu de l'art. 38, tout au moins en vertu du droit international général qu'il appartient à la Cour d'appliquer.

règles spéciales établies dans le but de concilier des intérêts contraires ne reflète qu'imparfaitement les réalités. Le plus grand nombre des dispositions qui, regardées isolement, établissent des règles générales et qui seraient donc qualifiées de « législatives », servent en effet à concilier des intérêts contraires. Qu'on songe aux conventions sur la protection des minorités, sur le régime particulier de tel territoire ou de telle voie de communication, et d'une manière plus générale aux nombreuses conventions et dispositions conventionnelles qui, après la guerre de 1914 à 1918 ont défini le statut juridique de beaucoup de régions en Europe et d'ailleurs. Justement à cause des intérêts opposés qu'elles ont réglés, ces conventions ont fourni la majeure partie des bases conventionnelles sur lesquelles la Cour a fondé ses décisions ; plus une disposition conventionnelle est la simple expression formelle d'une communauté d'intérêts, moins il est probable qu'elle ne soit jamais invoquée au cours d'un litige judiciaire.

Quel que soit le critère qu'on adopte pour établir la distinction entre traités-lois et traités-contrats, cette distinction reste sans importance pour la fonction du traité comme base de décisions judiciaires et, par conséquent, pour sa qualité de source de droit. Bien que la Cour ne paraisse pas avoir eu l'occasion de formuler expressément cette constatation, toute l'activité qu'elle a déployée au cours de son existence en est une affirmation tacite.

§4. La différence entre les contrats de concession privée et les traités

Le contrat de concession entre le gouvernement d'un État et une compagnie pétrolière étrangère - en l'espèce le contrat signé entre le gouvernement de l'Iran et l'*Anglo-Persian Oil Company* ; le 29 avril 1933 « ne vise qu'une seule fin : régler les rapports entre ce gouvernement et la compagnie (privée) en ce qui est de la concession. Il ne règle en aucune façon les rapports entre ce gouvernement et l'État national dont la compagnie ressort. Cette situation de droit n'est pas modifiée du fait que le contrat de concession a été négocié et conclu grâce aux bons offices du conseil de la Société des Nations auquel l'État national de la compagnie, dans l'exercice de son droit de protection diplomatique en faveur de l'un de ses ressortissants ; avait soumis le différend qui l'opposait au gouvernement de l'État cédant. Le fait que le contrat ait fait l'objet d'un rapport au Conseil [...] n'en transforme pas les termes en ceux d'un traité liant un gouvernement envers l'autre »[62].

[62] *Affaire de l'Anglo-Iranian Oil Co.* (compétence), Arrêt du 22 juillet 1952, C.I.J., Recueil, 1952, p. 112.

QUESTIONNAIRE DE CHAPITRE I.

TRAITE INTERNATIONAL ET SON CONTENU

1. Pouvez-vous définir, en vos propres termes, l'expression « droit international public » ?

Dégagez-en la différence avec le droit international privé.

2. Pourquoi apparaît-il techniquement impossible de vouloir définir le droit international public par l'objet matériel auquel se rapportent ses normes ?

3. Il existe une floraison de dénominations qu'on peut accorder, conformément au droit international, à un traité conclu entre les États. Pouvez-vous en citer sept au moins et en relever, si possible, les éléments respectifs de distinction ?

4. Existe-t-il, en droit international, un régime juridique spécifique à chaque traité international selon sa dénomination propre ?

5. Qu'entendez-vous par sources formelles du droit international ? Pouvez-vous les énumérer au regard de l'article 38 (1) du Statut de la Cour Internationale de Justice ?

6. Pourquoi dit-on que les traités internationaux constituent l'une des sources primaires, à côté de la coutume, par opposition aux sources secondaires ou auxiliaires, du droit international ?

7. Pourquoi dit-on que les actes unilatéraux des États sont également des sources du droit international alors qu'ils ne sont pas énumérés à l'article 38 du Statut de la Cour internationale de Justice ?

8. Qu'est-ce qu'un traité au sens du droit international public ?

9. Faites ressortir, tout en expliquant, la classification formelle et matérielle des traités internationaux ?

10. Opérez une distinction entre :

   a. un traité-loi et un traité-contrat ;
   b. un traité fermé et un traité ouvert ;
   c. un traité solennel et un traité en forme simplifiée.

11. Une convention conclue entre une personne morale privée (Médecin sans frontière France, Save the Children, etc.) et l'État sur le territoire duquel elle est appelée, du fait de cette convention, à exercer ses activités constitue-t-elle un traité international ? Justifiez votre réponse.

CHAPITRE II.

LA CONCLUSION DES TRAITÉS ET LE TRIOMPHE DU VOLONTARISME

Doctrine juridique selon laquelle le droit international est fondé sur la volonté des Etats[63].

La procédure de conclusion des traités est complexe comme l'avouent un grand nombre de juristes, car « les souverainetés répugnent à s'engager à la légère[64]. » La complexité résulte d'une précaution prise par la Commission du droit international des Nations-Unies en vue d'éviter le risque pour l'État de laisser surprendre sa volonté (art. 6 à 18, Convention de Vienne). On peut sans doute admettre que puissent s'imposer aux États les règles de droit qu'ils créent ou qu'ils acceptent.

Le traité est un accord entre sujets du droit des gens destiné à produire certains effets de droit ; il est parfois qualifié, selon le propre mot de Charles ROUSSEAU, « d'opération à procédure[65] ». La volonté d'un État d'être lié par un traité doit se manifester au début des négociations par la signature d'un plénipotentiaire, ensuite, la ratification faite par l'organe compétent viendra sceller les opérations procédurales de l'accord.

Généralement, la compétence de conclure des traités internationaux revient au chef de l'État. « Au Canada, on ne relève aucun traité entre Chefs d'États depuis 1944[66]. » Depuis la conclusion, le 14 avril 1944 d'un traité avec la

---

[63] J. Salmon, Dictionnaire, *Op.cit*, p.1140

[64] P.-M. DUPUY, *op. cit.*, p. 191.

[65] Ch. ROUSSEAU, *Droit international public*, 4 vol., t. I, Paris, Sirey, 1970-1980, p. 17.

[66] A.-M. JACOMY-MILLETTE, *op. cit.*, p. 59.

Chine au sujet des droits extraterritoriaux et depuis la signature le 2 avril 1946 d'un traité non ratifié, avec les États-Unis portant sur la pêche dans les Grands Lacs, on n'en relève pas d'autres dans les annales du Canada[67]. La manifestation de la volonté d'être lié par le traité intervient à plusieurs phases. Mais comment un État manifeste-t-il sa volonté d'être lié par le traité international tout au long des procédures ?

Section I. Bref parcours de la Convention de Vienne

Acte par lequel des sujets de droit international prennent des engagements mutuels[68].

La Conférence de Vienne a adopté, le 23 mai 1969, une convention sur le droit des traités. Mieux élaborée, cette convention est une référence imposante dont tous les États devaient tenir compte pour toute question relative aux traités internationaux.

La Convention de Vienne sur le droit des traités comprend un préambule qui expose les motifs qui ont poussé les États à se rapprocher. Elle a un dispositif de 85 articles, lesquels sont regroupés en huit parties. La première (articles 1 à 5) regroupe les normes qui fixent la sphère de l'application de la Convention et qui définissent la signification des termes utilisés. La deuxième (articles 6 à 25) concerne la conclusion et l'entrée en vigueur des traités). La troisième (articles 26 à 38) touche l'obligation, l'application et l'interprétation des traités. La quatrième (articles 39 à 41) donne une marche à suivre dans la procédure d'amendement et de modification des traités. La cinquième (articles 42 à 72) renferme les normes d'une nouveauté majeure : l'engagement, l'invalidité,

---

67 Voy : Recueil des traités du Canada, 1944, n° 11 et 13, 1946.

68 J. Salmon, op.cit, p.264.

l'extinction et la suspension des effets des traités. La sixième (articles 73 à 75) règle certaines questions particulières en rapport avec l'application de la Convention. La septième (articles 76 à 80) est consacrée à la correction des erreurs dans le texte des traités, le dépôt, les modifications et les communications des actes relatifs à la conclusion et à la survie des traités. Elle réglemente aussi leur enregistrement et leur publication. La huitième (article 81 à 85) renferme les dispositions finales qui sont communes à tout traité multilatéral.

Notre énumération est loin d'être exhaustive. Elle ne constitue pas une analyse de toutes les dispositions. Il s'agit pour nous d'énumérer au moins les grandes parties de la Convention.

Section II. L'émission des pleins pouvoirs

Sens général : document habilitant celui à qui il est délivré à accomplir dans les limites indiquées, une mission temporaire en vue notamment du règlement, au nom du mandant, d'une affaire déterminée ou d'une négociation avec des plénipotentiaires pareillement désignés[69].

Les négociations sont conduites directement par les États, personnes morales, qui n'agissent que par l'entremise de leurs représentants. Elles sont menées par des personnes munies de pleins pouvoirs, qu'ils reçoivent du chef de l'État, du premier ministre ou du ministre des affaires étrangères, qui leur permettent d'adopter le texte au nom de l'État ou d'exprimer son engagement.

Les négociations infra-étatique sont hors de notre propos parce qu'elles concourent à la coopération entre les administrations ou autorités administratives et organismes

[69] J. Salmon, *op.cit*, p.837.

publics. Notre propos est centré sur la négociation d'un traité interétatique.

Il est de coutume qu'au début de la procédure classique de la conclusion des traités, une commission soit instituée pour vérifier la régularité des pleins pouvoirs, « c'est-à-dire pour voir si le délégué en question est bien habilité à traiter au nom de son gouvernement du sujet dont la conférence s'occupe[70] ».

D'après l'article 2 de la Convention de Vienne, l'expression « pleins pouvoirs » s'entend d'un « document émanant de l'autorité compétente d'un État et désignant une ou plusieurs personnes pour représenter l'État pour la négociation, l'adoption ou l'authentification d'un traité, pour exprimer le consentement de l'État à être lié par un traité ou pour accomplir tout autre acte à l'égard du traité ». L'institution des lettres de pleins pouvoirs date de la monarchie : en raison des difficultés de communication de l'époque, le plénipotentiaire devait, pour la phase de rédaction du texte, pouvoir valablement engager l'État au nom duquel il négociait. Aujourd'hui, malgré le caractère très officiel des lettres de plein pouvoir, les plénipotentiaires sont des agents constamment soumis à leur gouvernement pendant les négociations[71]. Une personne est donc considérée comme représentant d'un État si elle produit des pleins pouvoirs appropriés. La présentation des pleins pouvoirs n'est pas, cependant, une règle absolue : les États intéressés peuvent y renoncer (C.V., art., 7, par. 1, al. b.) et en vertu de leurs positions, certaines personnes n'ont pas à produire des pleins pouvoirs ; c'est le cas notamment des chefs d'État, des

---

[70] Ph. CAHIER, *op. cit.*, p. 387.

[71] G. AGNIEL, *Droit des relations internationales*, Paris, Hachette, Les Fondamentaux, 1977, p. 93.

chefs de gouvernement et des ministres des Affaires étrangères (C.V., art.7, par. 2). Historiquement, le but visé par l'institution des pleins pouvoirs, outre l'identification officielle des négociateurs étrangers, était celui de lier personnellement le Souverain qui les émettait par les actes de son représentant[72].

A titre d'illustration, nous reproduisons ci-dessous un exemple de la lettre de pleins pouvoirs accordés par la République Démocratique du Congo à ses représentants :

« Désirant faire participer le Gouvernement de la République Démocratique du Congo à la Session de la Conférence Internationale du travail qui aura lieu à » Genève du … … au … … … 1981.

" A ces causes et nous confiant entièrement en la capacité, zèle et' ' Dévouement des Citoyennes et Citoyens :

"1.-Martin KAYEMBE TSHIKUDI ;

"2.-Robert MULAMBA TSHIMPE

" Les avons nommés, commis et députés et par les présentes, les' 'nommons, commettons et députons plénipotentiaires à l'effet d'entrer' 'en pourparlers avec de ceux qui auront été autorisés de la part des' ' gouvernements représentés à ladite Session et d'une

---

[72] VATTEL, *Droit des gens ou principes de la loi naturelle*, Carnegie Institute of Washington, Washington, 1916, Livre 11, par. 156 : « Tout ce qu'a conclu le Ministre demeurant donc sans force jusqu'à la ratification du Prince, il y a moins de danger à lui donner un plein pouvoir. Mais pour refuser avec honneur de ratifier ce qui a été conclu en vertu d'un plein pouvoir, il faut que le souverain en ait de fortes et solides raisons et qu'il faille voir en particulier que son Ministre s'est écarté de ses instructions ».

manière générale, de' ' représenter le Gouvernement de la République Démocratique du Congo à la Session de la' ' Conférence Internationale du Travail.

Fait à Kinshasa, le

Le Ministre aux Affaires Étrangères

Section III. La négociation

Mode de solution normal des différends internationaux consistant en des pourparlers en vue de parvenir à une entente directe entre les parties au litige ou en vue de déterminer la procédure que les parties suivront d'un commun accord pour résoudre le litige qui les oppose[73].

La négociation est une opération matérielle dont le droit international général a peu de choses à dire, puisque les participants sont absolument libres de la procédure à laquelle elle obéira[74], parce que le traité est d'abord un contrat, il incarne la liberté contractuelle que traduit le principe de l'autonomie de la volonté des États qui négocient sur un strict pied d'égalité.

Elle marque l'étape de discussion entre les négociateurs des parties en vue d'aboutir à un accord. Les diplomates de carrière, les divers experts ou représentants du gouvernement négocient les traités sur la base des instructions rigoureuses qu'ils ont reçues ou qu'ils reçoivent pendant les négociations. Ils se gardent de signer

---

[73] J. Salmon, op.cit, p.734.

[74] J. COMBACAU, *Le droit des traités*, Paris, PUF, Coll. « Que sais-je ? », 1991, p. 16 ; A. PLANTEY, La négociation internationale principes et méthodes, Paris, C.N.R.S., 1980, 657 p. G. GEAMANU, « Théorie et pratique des négociations en droit international », R.C.A.D.I., I, vol. 66, pp. 369-448., Ph. BRETTON, M.-G. FOLLIOT, *Négociations internationales*, Paris et Genève, Pedone et I.H.E.I., 1984, VI, 134 p.

ou de parapher un accord qui nuirait aux intérêts de leur État. Ainsi, on s'accorde à dire que le paraphe ou une simple signature apposée sur le texte négocié n'engage pas l'État du négociateur. Il s'agit là d'une précaution dont s'entourent les négociateurs pour ne pas franchir les limites de leur mandat.

Dans cette phase de négociation, on peut associer à la discussion des diplomates de carrière, des experts provinciaux, selon que le traité touche les intérêts d'une province particulière. Cette phase se termine par l'acceptation du projet de traité. D'après la coutume canadienne, le Secrétaire d'État aux Affaires extérieures peut, à ce stade, agir seul ou avec le concours du ministre et signer le traité. Les ministres en conseil peuvent également recommander au Gouverneur général la désignation d'un plénipotentiaire ou d'un représentant du gouvernement pour signer l'accord. Cela revient à dire que la nomination d'un plénipotentiaire explique que ceux qui ont négocié le traité n'avaient pas la compétence de le signer.

Le ministre des Affaires extérieures émet aussi l'instrument de pleins pouvoirs lorsque la procédure l'exige et autorise la signature du traité[75]. Ces précautions sont prises au niveau interne et au niveau international lorsque le traité est multilatéral. D'ailleurs, pour les traités négociés et signés sous l'empire des Nations Unies, l'instrument de pleins pouvoirs est préalablement exigé et vérifié avant le début des travaux. Cette exigence est de rigueur pour éviter qu'un État allègue à la fin des travaux qu'il n'a pas été valablement représenté. Les pleins pouvoirs s'avèrent sans importance et ne sont pas exigés aux négociateurs si les traités sont en forme simplifiée.

[75] A., M. JACOMY-MILLETT, *op. cit.*, p. 60.

L'instrument de plein pouvoir n'est pas non plus nécessaire lorsque la négociation est menée par l'autorité de l'État compétente sur le plan constitutionnel.

Dans quelle langue rédiger le traité ? Parfois, les négociateurs internationaux exigent que le traité soit rédigé dans leur langue nationale. L'Antiquité connaissait l'usage de la « langue diplomatique ». Au Moyen Age, le latin est la langue de rédaction, puis il cède sa place au français jusqu'au début du XXème siècle. Aussi, en 1919, le Pacte de la SDN et le traité de Versailles sont rédigés en français. L'avenir nous dire, si le français va être remplacé par l'anglais à cause de l'omniprésence des Etats-Unis sur le plan international. D'après des recherches effectuées par la Commission royale d'enquête sur le bilinguisme et le biculturalisme, elle a pu constater qu'à l'origine, la langue utilisée par le Canada pour les traités bilatéraux était l'anglais. Le français a été utilisé tardivement pour les traités conclus avec les États francophones[76]. Depuis 1970, au Canada, le respect du bilinguisme institutionnel exige que tous les traités dont il fait partie soient rédigés en français et en anglais. En République Démocratique du Congo, c'est le français qui est souvent utilisé.

La négociation peut échouer à n'importe quel stade, même préliminaire. Le professeur Pierre-Marie MARTIN, à qui nous rendons hommage pour avoir apporté une importante contribution à cette question de l'échec pour faire adopter un texte conventionnel, écrit que : « Pour les traités, on évoque que telle conférence internationale a

---

[76] Le Canada a signé 239 traités bilatéraux dont seulement 25, soit 10 %, avaient une version française entre 1928 et 1965. Il s'agissait en fait d'accords signés avec la France, la Suisse et la Belgique. Les notes diplomatiques adressées par le Canada pendant la même période étaient rédigées en anglais dans 95% des cas d'échange de notes ; voy. Rapport de la Commission, Imprimeur de la Reine, 1967, p. 25.

échoué et n'a pas pu adopter une convention pour laquelle on l'avait cependant convoquée. Les commentateurs n'ont pas de mots à étudier, à soupeser. Ils peuvent gloser sur les conséquences de l'emploi d'un terme plutôt que d'un autre[77] » Dans le cas où il n'y a pas d'échec dans la négociation, elle aboutit à la rédaction de l'instrument comprenant un préambule qui expose les raisons profondes qui ont poussé les États négociateurs à se rapprocher afin de nouer des liens juridiques. Il n'a en lui-même aucune valeur juridique, mais il peut servir à interpréter le traité. Le juge international recourt à cette technique.

Il nous faut faire la distinction entre le *negotium* et l'*instrumentum,* car l'usage de ces mots porte à confusion. Nous empruntons cette distinction du professeur Jean-Maurice ARBOUR. Le *negotium*, c'est l'accord de volontés entre les parties contractantes, l'opération juridique réalisée entre elles ; c'est la substance même de l'accord international. L'*instrumentum*, c'est le document écrit qui témoigne de l'existence de cet accord[78].

Le corps du traité est constitué des articles qui ont, contrairement au préambule, force juridique et, parfois, des annexes ou des protocoles qui font partie du traité et qui ont une valeur identique, sauf disposition contraire et, enfin, des paraphes ou signatures des négociateurs.

---

[77] P.-M. MARTIN, *op. cit.*, p.21.

[78] J.-M. ARBOUR, *Droit international Public*, 3ème édition, Cowansville, Yvon Blais, 1997, p. 67.

Section IV : La signature

En général : apposition que fait une personne de son nom sur un document relevant de sa compétence afin de lui conférer l'authenticité[79].

La portée de la signature diffère dans le traité traditionnel et de l'accord en forme simplifié. En effet, la signature est un des modes d'expression du consentement librement manifesté par un État qui envisage dans un avenir très proche d'être lié par un accord international. La Convention de Vienne sur le droit des traités ne donne pas de définition de la signature, cependant, elle nous réfère aux articles 10, 11 et 12. Au fait, la signature est « un acte par lequel les plénipotentiaires qui ont négocié un traité, après en avoir arrêté le texte, apposent leur nom à la fin de l'instrument officiel qui en énonce les termes, attestent par là leur accord sur ces termes, l'authenticité de cet instrument et définissent ainsi le lieu et la date qui serviront à désigner ce traité, cette signature pouvant, suivant les cas, soit être donnée sous réserve explicite ou implicite de ratification, soit engager immédiatement et directement l'État au nom duquel elle a été donnée[80] ».

Cette définition met l'accent sur les rôles suivants : attester le contenu de l'accord des parties, authentifier le texte de l'accord et, éventuellement, lier définitivement les parties signataires. Au fait, il s'agit du triomphe du volontarisme tout au long du processus du début jusqu'à la fin.

La signature d'une convention est généralement considérée comme le signe qu'un État envisagera sérieusement de la ratifier. Autrefois, elle n'avait pas

---

[79] J. Salmon, op.cit, p.1033.
[80] Selon le Dictionnaire de la terminologie de droit international, p. 565.

l'importance qu'on lui accorde aujourd'hui. Elle indiquait tout simplement la présence du *pleini potens* d'un État contractant aux négociations. De nos jours, avec l'accroissement des précautions dont on s'entoure dans le processus de conclusion des traités, la signature a pu recouvrir son importance. Elle est une formalité qui constate l'accord intervenu entre les cocontractants au terme de la négociation sur le texte d'un traité. Elle ne lie pas normalement l'État, mais elle comporte certains effets.

Selon l'article 1 de la Convention de Vienne, l'État signataire doit s'abstenir d'actes qui priveraient le traité de son objet et de son but dès lors qu'il n'a pas manifesté, aux autres États signataires, son intention de ne pas devenir partie au traité. De plus, les juges internationaux ont parfois, dans le but de sauvegarder la sécurité dans les rapports internationaux, considéré une disposition d'un projet de traité signé comme une cristallisation d'une règle coutumière, susceptible, ainsi, de produire des effets juridiques.

La signature au Canada révèle une importance majeure du fait qu'un grand nombre d'accords internationaux conclus par ce pays se présentent sous forme d'échange de notes ou même, mais le cas est rare, d'échange de lettres[81]. Retenons qu'un « État partie à la négociation d'une convention multilatérale peut, pour des raisons diverses, refuser de signer immédiatement le texte à la fin de la conférence. Or, dans la mesure où le projet de convention le prévoit, cet État peut être invité à le signer plus tard, à l'intérieur d'un certain délai[82]. » La signature confère parfois le caractère obligatoire à l'acte international. Elle peut également permettre une mise en vigueur provisoire

---

[81] A.-M. JACOMY-MILLETT, *op. cit.*, p. 61.
[82] J.-M. ARBOUR, *op. cit.*, p. 76.

de l'accord, avant la ratification[83]. Elle peut aussi, comme on l'a signalé plus haut, confirmer l'authenticité du texte négocié. La signature étant ce qu'elle est par rapport au traité, celui-ci n'aura de valeur que par ratification.

Section V : La ratification

Mode de consentement à être lié par un traité qui a nécessairement fait l'objet au préalable d'une signature pour authentification par un représentant dûment autorisé[84].

Par opposition à la signature, seule la ratification d'un traité engage l'État, car la volonté d'engager l'État à cette étape revient à l'organe investi au regard du droit interne. « La ratification d'un traité lorsqu'elle y est prévue, comme dans le traité (de commerce et de navigation entre la Grèce et le Royaume-Uni) de 1926, est une condition indispensable de l'entrée en vigueur du traité. Elle n'est donc pas une simple formalité mais un acte d'importance essentielle[85]. » Des négociations [...] ont conduit à la signature par El Salvador et le Honduras, en 1884, d'un traité, appelé convention Cruz-Letona, qui, faute de ratification par le Honduras, n'entra jamais en vigueur. [...] La Chambre sait que par un traité postérieur (la convention Zelaya-Castellano) les parties ont convenu qu'aucun effet juridique ne devait s'attacher au traité

---

[83] Voir Protocole prolongeant de nouveau l'accord commercial canado-soviétique conclu à Ottawa le 29-2-1956 et prolongé par les protocoles du 18-4-1960 et du 16-9-1963, signé à Moscou le 20-6-1966, en vigueur provisoirement le 20-6-1966, ratifié le 28-7-1967 à Ottawa, en vigueur définitivement le 28-7-1967.

[84] J. Salmon, op.cit, p.929.

[85] Voy. *Affaire Ambatielos* (compétence), arrêt du 1er juillet 1952, C.I.J., Recueil, 1952, p. 43.

Cruz-Letona, qui n'avait pas été ratifié [86] ou en latin, le jus tractus.

L'approbation d'un traité est souvent faite par le Chef de l'État. Il s'agit là d'une exigence du droit international. La ratification, qui requiert l'agrément des autorités nationales compétentes le Parlement dans la plupart des cas, prend du temps. Dans certains cas, les États combinent la signature et la ratification en un acte unique et adhèrent ainsi à une convention. En République Démocratique du Congo, c'est le président de la République qui engage l'État au niveau international. C'est lui qui a le « *treaty-making power* »[87].

Une fois qu'un État a ratifié la convention ou qu'il y a adhéré, il doit passer en revue sa législation nationale pour s'assurer qu'elle est bien conforme aux dispositions de ladite convention. Il se déclare tenu par la volonté ainsi exprimée par la ratification d'observer les dispositions de la convention en question et doit répondre devant la communauté internationale de tout manquement à cet engagement[88]. On a retenu la phase de ratification comme étant une étape très importante, car il s'agit de l'approbation d'un accord par les organes compétents qui donnent le consentement définitif de l'État à un accord international. Nous expliquerons plus loin la notion de

---

[86] *Différend frontalier terrestre, insulaire et maritime* (El Salvador/ Honduras ; Nicaragua (intervenant)), arrêt du 11 septembre 1992, C.I.J., *Recueil*, 1992, p. 407.

[87] L'expression anglo-saxonne « treaty-making power » désigne le ou les organes investis selon le droit interne à conclure les traités au nom d'un État ou d'une organisation internationale ainsi que les règles que ces organes doivent suivre pour exercer leur compétence. Nous ne l'envisageons que par rapport aux États. Nous utiliserons souvent cette expression dans la présente étude en raison de sa concision.

[88] Nations Unies, *Les droits de l'enfant*, New-York, N.U., Fiche n° 10, 1990, pp. 1 à 5.

compétence. Le meilleur argument des constitutionnalistes qui réclament que le traité conclu en violation du droit interne soit déclaré nul et sans effet est basé sur la notion de compétence. Ils associent le concept de compétence à celui de la volonté réelle de l'État. La notion de compétence explique, selon le droit international, l'usage des pleins pouvoirs et, en droit constitutionnel propre à chaque État, les instruments de plein pouvoir lient celui qui les a émis au nom de l'État. A dire vrai, selon la pratique reconnue par les nations civilisées, c'est le chef de l'État, le ministre des affaires étrangères, ou le premier ministre qui octroie les pleins pouvoirs aux négociateurs nationaux.

Toute l'économie juridique de la ratification d'un traité est dominée par le principe de compétence. Ce principe est déterminé par le droit public interne de l'État intéressé. Aussi les constitutionnalistes s'accordent à dire que la ratification doit intervenir conformément aux procédures constitutionnelles en vigueur dans chacun des États parties au traité.

On peut définir avec Charles ROUSSEAU que la ratification est l'approbation donnée au traité par les organes internes compétents pour engager internationalement l'État. Le traité, selon le même auteur, ne vaut que par la ratification[89]. Au point de vue du droit comparé, les systèmes constitutionnels de ratification des traités se rangent en trois catégories comportant tantôt la compétence exclusive de l'exécutif, tantôt de la compétence exclusive du législatif, tantôt un partage de compétence entre l'exécutif et le législatif.

---

[89] Voir Ch. ROUSSEAU, *op. cit.*, p. 35.

Au Canada, le *treaty-making power* est une compétence exclusive de l'exécutif fédéral en vertu de la prérogative royale. Elle est discrétionnaire[90], doit être communiquée au cocontractant : échange (traités bilatéraux) ou dépôt (traités multilatéraux) des ratifications. « Aujourd'hui, les conventions multilatérales sont ouvertes à la ratification par les États pour une période déterminée après laquelle, il est généralement prévu que tous les États ou une catégorie définie d'entre eux peuvent s'engager aux obligations prévues par la Convention par adhésion[91] ».

Si la volonté déclarée n'est pas le reflet de la volonté réelle, il s'agit donc d'une approbation donnée au mépris du droit interne. Dans ce cas, le traité est irrégulièrement conclu. L'État sera-t-il engagé devant un traité irrégulièrement conclu ? C'est ici que l'opinion divergente prend place entre les constitutionnalistes qui s'accrochent *mordicus* à la volonté réelle et les internationalistes qui soutiennent pour leur part que seule la volonté déclarée engage l'État. Nous y reviendrons. En toute logique, un traité ne produit d'effets qu'après son entrée en vigueur.

Section VI : L'entrée en vigueur

Point de départ de l'application d'un acte juridique-traité résolution, engagement unilatéral – à partir duquel ce texte recevra la plénitude de son efficacité juridique, du fait de la réunion des conditions prévues à cet effet dans

[90] La compétence de ratification revêt un caractère discrétionnaire du fait de l'indétermination du délai de ratification, possibilité d'une ratification conditionnelle, licéité du refus de ratification.

[91] Convention de Vienne, art. 15. Voir aussi M. LEBEL, J. WOEHRLINE, F. RIGALDIES, *Droit international public*, 2e éd., Montréal, Thémis, t. I, 1978, p. 99 ; J.-G. CASTEL, *International Law Chiefly as Interpreted and Applied in Canada*, 3e éd., Toronto, Butterworths, 1976, p. 940 ; A.L.C. DE MESTRAL, S.A. WILLIAMS, *Introduction au droit international public*, 2e édition, Toronto, Butterworths, 1987, p. 281.

cet acte – ou dans un acte annexe – ou par le régime juridique propre de cet acte[92].

Une clause d'entrée en vigueur typique pour un traité multilatéral se trouve à l'article 84 de la Convention de Vienne, à savoir :

« 1. La présente Convention entrera en vigueur le trentième jour qui suivra la date du dépôt du trente-cinquième instrument de ratification ou d'adhésion.

2. Pour chacun des États qui ratifieront la Convention ou y adhéreront après le dépôt du trente-cinquième instrument de ratification ou d'adhésion, la Convention entrera en vigueur le trentième jour après le dépôt par cet État de son instrument de ratification ou d'adhésion. »

Néanmoins, les États, en particulier ceux ayant participé à la négociation d'un traité, peuvent convenir de l'appliquer provisoirement avant son entrée en vigueur, soit intégralement soit en partie (article 25). Cet accord peut être retenu dans le traité lui-même ou d'une autre manière. S'il l'est dans le traité, il entre en vigueur avec sa signature (sujette, bien entendu, à ratification).

Pour des raisons de droit interne, certains pays, dont l'Autriche, ne peuvent appliquer des conventions internationales de manière provisoire.

Notons finalement que certaines constitutions, comme celle du Portugal (cf. Article 8), ne permettent pas à l'État de se lier à un traité international par tous les moyens énumérés à l'article 11 de la Convention de Vienne ; en l'occurrence, elle ne prévoit que la ratification ou l'approbation. Or, il s'agit là d'une question de droit

---

[92] J. Salmon, op.ct, p.433.

interne qui n'affecterait pas un libre consentement donné éventuellement d'une manière différente, puisque les moyens de l'exprimer relèvent aussi du droit international coutumier et pas seulement de la Convention de Vienne à laquelle le Portugal n'a d'ailleurs pas adhéré.

Généralement, tout traité détermine la date à laquelle il entrera en vigueur. Celle des traités multilatéraux peut varier suivant leur typologie. Lorsque le traité n'est pas susceptible d'adhésions ultérieures, c'est un traité fermé. Son entrée en vigueur coïncidera, sous réserve d'une disposition contraire, avec sa ratification par tous les États qui ont participé à la négociation. Cependant, les traités dits ouverts prévoient généralement eux-mêmes dans leurs dispositions finales le nombre minimum de ratifications requises pour que le traité entre en vigueur[93].

Le traité bilatéral a l'avantage d'entrer en vigueur lors de sa signature, car à ce moment, les parties contractantes s'observent mutuellement de telle sorte que l'une ou l'autre donne effet aux obligations issues du traité[94]. Entre le moment de la signature et celui de la ratification (requise pour les traités multilatéraux), les États contractants doivent s'abstenir d'actes qui nuiraient à l'objet et au but du traité (Convention de Vienne, art. 18).

En vertu de l'article 24(1) de la Convention de Vienne, un traité entre en vigueur à la date et selon les conditions retenues par les parties, date et conditions qui peuvent être indiquées dans le traité. Dans le cas contraire, une fois que toutes les parties ont exprimé leur consentement à être

---

93 P.-M. DUPUY, *Le droit international*, Paris, PUF, 1982, p. 193.

94 Voir R. GORDON, (1980) 19 B.C.L.R. 289 (B.C.S.C.) ; extrait dans J.-Y. MORIN, F. RIGALDIES et D. STRURP, *Droit international public*, Notes et documents, t. II, (Documents d'intérêt canadien et québécois), Montréal, Thémis, 1988, n°129.

liées par le traité, celui-ci entre en vigueur comme le dispose l'article 24(2).

Les États non parties à un traité qui est déjà entré en vigueur se placent sous l'empire de ses dispositions dès qu'ils expriment leur volonté « réelle » d'être liés par le traité (art. 24(3)). Les parties peuvent s'entendre pour que certaines des dispositions du traité (s'appliquent) entrent en vigueur d'une manière provisoire en attendant un nombre suffisant de ratifications ou d'adhésions prévues pour l'entrée en vigueur définitive. Si le traité est simplement une codification des règles existantes du droit international coutumier, il lie même les États non-membres[95]. Comme chacun sait, un État dispose de garde-fous qui lui permettent d'adhérer à un traité tout en donnant à certaines dispositions le sens qu'il veut leur donner, ce sont des réserves.

Section VII : Le système des réserves [96]

Déclaration unilatérale formulée par un Etat ou une organisation internationale, avant et/ou lors de l'expression de son consentement à être lié par un traité, tendant à modifier, au regard du texte conventionnel adopté, la portée des engagements du déclarant à son égard[97].

Le consentement à être lié par un traité peut souvent être assorti de réserves. La Convention de Vienne prévoit aux articles 19 à 23 la formulation des réserves. La réserve

---

95 A.L.C. De MESTRAL ; S.A. WILLIAMS, *op. cit.*, p. 16 ; voir aussi E. CANNIZZARO, *Trattati internazionali e egiudizio di constitutionalità*, Milano, Giuffré, 1991, 399 p.

96 P.H. IMBERT, *Les réserves aux traités multilatéraux*, Paris, Pedone, 1979, p. 504 ; M. LASCOMBE, *op. cit.*, p. 61.

97 J. SALMON, op.cit, p.988.

est une déclaration faite par un État partie à un traité qui indique que cet État entend exclure telle disposition de ce traité, en modifier la portée ou lui attribuer un sens déterminé. C'est, si l'on veut, une stipulation dérogatoire à la réglementation conventionnelle[98]. Les réserves peuvent être émises soit au moment de la signature, soit à la ratification ou à la succession d'un État aux traités. La latitude laissée aux États de formuler des réserves est un signe remarquable de respect de l'autonomie des volontés des hautes parties contractantes qui veulent être liées par le traité. Pour les actes constitutifs des organisations internationaux les réserves ne sont possibles que si les organes compétents de l'O.I. les acceptent (art. 20 §3 Convention de Vienne)

- **Les réserves à la convention pour la prévention et la répression du crime de génocide**

En novembre 1950 l'Assemblée générale a posé à la Cour une série de questions sur le point de savoir quelle serait la situation d'un État qui a assorti de réserves sa signature à la convention multilatérale sur le génocide dans le cas où d'autres États, signataires de la même convention, feraient objection à ces réserves. La Cour a estimé dans son avis consultatif du 18 mai 1951 que, même lorsqu'une convention ne contient aucune disposition relative aux réserves, on peut en déduire qu'elles soient interdites. Il faut tenir compte du caractère de la convention, de son objet et de ses dispositions. C'est dans le degré de compatibilité entre la réserve et le but de la convention qu'il faut rechercher le critère qui guidera

[98] Ch. ROUSSEAU, *op. cit.*, p. 49 ; J. COMBACAU, *op. cit.*, p. 53. ; M. KADJENOURI, *Les réserves dans les conventions multilatérales*, Thèse, Paris, 1957 (publiée en 1958 sous le titre Les réserves dans les traités internationaux), J.-M. ARBOUR, *op. cit.*, p. 78.

tant l'attitude de l'État qui formule la réserve que celle de l'État qui y fait objection. La Cour n'a pas estimé qu'une réponse catégorique ait pu être donnée à la question de caractère abstrait qui lui était posée. Quant aux effets de la réserve dans les relations entre États, la Cour a estimé qu'aucun État ne peut être lié par une réserve à laquelle il n'a pas consenti. Chacun est donc libre de décider, pour sa part, si l'État qui a formulé la réserve est ou non partie à la convention. Cette situation présente des inconvénients réels, mais seul un article inséré dans la convention et relatif à l'utilisation de la procédure des réserves pourrait y remédier. Une troisième question portait sur l'effet d'une objection émanant d'un État qui n'est pas encore partie à la convention, soit qu'il ne l'ait pas signée, soit qu'il l'ait signée mais non ratifiée. La Cour a estimé que dans le premier cas il est inconcevable qu'un État qui n'est pas signataire de la convention puisse en exclure un autre. Dans le second cas, la situation est différente : l'objection est valable mais ne produit pas d'effets juridiques immédiats ; elle ne constitue que la définition et l'affirmation de l'attitude qu'adoptera un État signataire lorsqu'il sera devenu partie à la convention. Dans tout ce qui précède, la Cour n'a statué que sur le cas particulier qui lui était soumis, celui de la convention sur le génocide[99].

Les réserves peuvent être émises à tout moment où un État veut concrétiser sa volonté d'être lié par le traité.

§1. Au moment de la signature

Que les réserves émises au moment de la signature en ce qui concerne le traité bilatéral entraînent la modification de la clause à laquelle l'État cocontractant ne

---

[99] Nations Unies, La Cour internationale de Justice, *op. cit.*, pp. 40-41.

veut pas donner l'effet n'est pas de nature à surprendre le profane. S'il y en a plusieurs, le traité doit être renégocié, car ces réserves peuvent ruiner l'économie générale ou réduire la puissance irradiante du traité.

Une réserve, même à un traité multilatéral, doit obtenir l'absence d'objection d'au moins un État partie et non de tous les États parties. Si le traité est ouvert à la signature à une certaine date, la réserve devrait être consentie par tous les États qui signent avant cette date. Si le traité est ouvert à la signature pour un temps indéterminé, dans ce cas, la réserve doit être acquiescée par les États qui ont signé le traité en question avant son entrée en vigueur. Cependant, si un État signe un traité après son entrée en vigueur, la réserve émise par celui-ci doit être approuvée par les autres États qui avaient précédemment signé ce traité. Il convient d'ajouter que les réserves ne sont concevables que dans les traités multilatéraux.

§2. Au moment de la ratification, de l'adhésion ou de la succession

Les traités, une fois signés, doivent être ratifiés par un organe compétent qui dispose encore de soupapes de sûreté : les réserves. On dit que c'est une déclaration unilatérale par laquelle un État partie à un traité multilatéral exclut de son acceptation ou de son engagement certaines dispositions conventionnelles déterminées de ce traité ou précise le sens qu'il leur attribue. Cependant, la convention peut (disposer autrement ou exclure) protéger certaines dispositions des réserves, spécialement celles qui seront incompatibles avec l'objet et le but de celle-ci. À titre d'exemple, au moment de la signature, de la ratification ou de l'adhésion, à la Convention de Genève relative aux droits des réfugiés, tout État pourra formuler des réserves aux articles de la convention autres que 1, 3, 4, 16 (1), 33, 36 à 46 inclus.

Pour être valide, la réserve émise au moment de l'adhésion, non seulement, doit-elle obtenir l'approbation des États qui avaient signé le traité à l'origine, mais aussi de ceux qui ont adhéré au traité avant l'État en question. Les cinq articles (19-23) de la Convention de Vienne sur le droit des traités, lesquels règlent respectivement la formulation des réserves (art. 19), l'acceptation et l'objection des réserves (art. 20), la procédure relative aux réserves (art. 21), les effets juridiques des réserves (art. 22), le retrait des réserves (art. 23), se sont inspirés en partie de la décision rendue par la Cour internationale de justice de La Haye en rapport avec l'Affaire des réserves émises par quelques États à la Convention internationale pour la prévention et la répression du crime de génocide du 9 décembre 1948[100]. Dans sa décision, la Cour internationale traita de la légalité de certaines réserves à la convention précitée[101].

La réserve étant une déclaration unilatérale, elle ne requiert pas le consentement des autres États parties si le traité l'autorise. Une déclaration qui, au fait, se contente d'attribuer un sens précis à une disposition

---

[100] Entrée en vigueur le 12 janvier 1951 conformément à l'article XIII ; voir Nations Unies, Recueil des traités, n° 1021, vol. 78, p. 277 ; Voir aussi la liste des États qui ont émis des réserves : B. MULAMBA MBUYI, *Refugees and International Law*, Toronto, Carswell, 1993, p. 511 ; voir avis consultatif (1951), C.I.J., Rec. 15, p. 22.

[101] 1955, C.I.J., Rec., p. 1. Voir aussi VITTA, *Le riserve nei trattati*, Torino, 1957, p. 108, voir MILLER, *Reservations to treaties*, Washington, 1919 ; POMME DE MIRIMONDE, *Les traités imparfaits*, Paris, 1920. MALKIN, « Reservations to multilateral conventions », (1926) *British Yearbook of International Law*, pp. 141 ss ; KAPPELER, *Les réserves dans les traités internationaux*, Bâle, 1958 ; HOLLOWAY, *Les réserves dans les traités internationaux*, Paris, 1958.

conventionnelle peut équivaloir à une réserve. Les réserves ont, comme le souligne René-Jean DUPUY, R.-J, l'avantage d'accroître le nombre des signataires, mais l'inconvénient de réduire la puissance irradiante du traité et même de le vider de son contenu[102]. La formulation des réserves marque une étape du triomphe du volontarisme dans les accords internationaux.

§3. Le retrait des réserves

La réserve, on le sait, est une déclaration unilatérale faite par un État partie à un traité alors qu'il veut en exclure une ou certaines dispositions de ce traité. Cette stipulation dérogatoire à une disposition conventionnelle produira des effets aussi longtemps que l'État qui l'a émise ne l'aura retirée. L'État reste seul maître de sa volonté pour le retrait d'une réserve ou des réserves à une réglementation conventionnelle. Au moment de la succession, l'État successeur peut retenir ou retirer les réserves émises par son prédécesseur. A dire vrai, sur ce chapitre de retrait des réserves, le principe de *tabula rasa* s'applique. Le retrait des réserves doit être notifié au Secrétaire général des Nations Unies ou à un État désigné par les parties comme dépositaire. Il est aussi vrai qu'une organisation internationale peut aussi jouer ce rôle.

Section VIII. Les réserves non prévues par le traité et la compatibilité avec le but et l'objet de la Convention

Généralement, chaque convention prend elle-même position sur cette question et fixe les conditions des réserves admises. Certaines conventions préfèrent se

[102] R.-J. DUPUY, *op. cit.*, p. 50. Pour une synthèse efficace sur la question des réserves, voir LACHS, « Le développement et les fonctions des traités multilatéraux » (1957), II, p. 233.

protéger et interdisent ainsi les réserves. Selon la pratique des États, si une réserve n'est pas acceptée par l'ensemble des États parties, l'État qui a fait la réserve n'a pas le statut de partie à la convention. Mais dans le cas du silence de la part du traité, ou de l'interdiction de cette possibilité, le regard sera tourné vers l'objet et le but du traité.

§1. Les réserves non prévues par le traité

« Il est bien établi qu'un État ne peut, dans ses rapports conventionnels, être lié sans son consentement et qu'en conséquence aucune réserve ne lui est opposable tant qu'il n'a pas donné son assentiment. On peut également considérer comme principe reconnu que toute convention multilatérale est le fruit d'un accord librement intervenu sur ses clauses et qu'en conséquence il ne peut appartenir à aucun des contractants de détruire ou de compromettre, par des décisions unilatérales ou par des accords particuliers, ce qui est le but et la raison d'être d'une convention. C'est à ce principe que se rattachait la notion de l'intégrité de la convention telle qu'elle a été adoptée, notion qui, dans son acceptation traditionnelle, a conduit à ne reconnaître une réserve quelconque comme valable que si elle est acceptée par tous les contractants sans exception comme elle l'eut été si elle avait été exprimée au cours de la négociation.

Cette conception, directement inspirée de la notion du contrat, conserve une valeur de principe indéniable. Il y a lieu, toutes fois, de faire état d'un ensemble de circonstances qui ont pour résultat d'en assouplir les applications. [...] Un usage plus général des réserves, une part très large faite à l'assentiment tacite aux réserves, l'existence de pratiques qui vont jusqu'à admettre que l'auteur de réserves écartées par certains contractants est néanmoins considéré comme partie à la convention dans ses rapports avec ceux d'entre eux qui les ont acceptées, ce sont là autant de manifestation d'un besoin nouveau d'assouplissement dans le jeu des conventions multilatérales.

[...] Dans cet état de la pratique internationale, on ne saurait certainement pas conclure de l'absence dans une convention multilatérale d'un article relatif aux réserves à l'interdiction pour les États contractants d'y apporter certaines réserves. [...] Le caractère d'une convention multilatérale, son objet, ses dispositions, son mode d'élaboration et d'adoption sont autant d'éléments qui doivent être pris en considération pour apprécier, dans le silence de la convention, la possibilité de formuler des réserves ainsi que pour en apprécier la régularité et les effets[103]. »

§2. La compatibilité avec l'objet et le but de la Convention

Il a été soutenu [...] que tout État ayant qualité pour devenir partie, à une convention multilatérale, peut le devenir tout en y apportant, à volonté et en vertu de sa souveraineté, n'importe quelle réserve. La Cour estime que ce point de vue ne peut être retenu. Il est manifeste qu'une application aussi extrême de l'idée de la souveraineté étatique pourrait conduire à une complète méconnaissance de l'objet et du but de la convention.

En sens inverse, il a été soutenu qu'il existe une règle de droit international selon laquelle l'effet de toute réserve serait subordonné à l'assentiment exprès ou tacite de toutes les parties contractantes. Cette théorie s'appuie essentiellement sur une conception contractuelle de

---

103 *Réserves à la Convention sur le Génocide*, Avis consultatif, C.I.J., Recueil, 1951, pp. 21-22.

l'absolue intégrité de la convention telle qu'elle a été adoptée. Cette conception se saurait toutes fois prévaloir si, compte tenu du caractère de la convention, de son objet, de son mode d'adoption, il peut être établi que les parties ont entendu, en admettant la faculté d'adopter des réserves, y déroger.

Il ne semble pas [...] que la conception de l'absolue se soit traduite en une règle de droit international. Le rôle considérable que l'assentiment tacite a toujours joué dans l'effet qui a été reconnu aux réserves ne permet guère d'affirmer l'existence d'une règle, fixant avec précision suffisante les effets des objections élevées contre les réserves. En fait, les exemples d'objections élevées contre les réserves semblent trop rares dans la pratique internationale pour avoir pu y donner naissance. D'ailleurs on ne saurait pas reconnaître effet décisif aux fins indiquées (naissance de la règle mentionnée ci-dessous) à une pratique administrative qui, après avoir été observée par le Secrétariat de la Société des Nations, s'est en quelque sorte imposée par la force des choses au Secrétariat général des Nations Unies en sa qualité de dépositaire des conventions conclues sous les auspices de la Société, selon laquelle le Secrétaire général dans l'exercices de ses fonctions de dépositaire ne considérait pas une réserve comme acceptée définitivement que lorsqu'il était établi qu'aucun des autres États contractants n'y faisait objection. En réalité l'existence d'une pratique administrative n'est pas en soi un élément concluant pour apprécier la conception que les États contractants à la convention ont pu se former des droits et devoirs qui en résultent. Il faut relever également l'existence d'une pratique divergente parmi les États américains ; ainsi que la profonde divergence de vues des États à la sixième commission de la cinquième session de l'Assemblée générale à propos des réserves aux traités multilatéraux.

« L'objet et le but de la convention assignent [...] des limites tant à la liberté d'apporter des réserves qu'à celle d'y objecter. Il en résulte que c'est la compatibilité de la réserve avec l'objet et le but de la convention qui doit fournir le critère de l'attitude de l'État qui joint une réserve à son adhésion et de l'État qui estime devoir y faire une objection. Telle est la norme de conduite qui doit guider chaque État dans l'appréciation qu'il lui appartient de faire individuellement et pour son propre compte de la régularité d'une réserve. On peut donc conclure que l'appréciation de toute réserve et des effets des objections qui peuvent y être faites dépend de circonstances particulières à chaque espèce[104]. »

Section IX Le dépositaire et l'enregistrement des traités

Les instruments de ratification, d'acceptation ou d'adhésion des traités multilatéraux sont déposés auprès d'un organe désigné par le traité lui-même, appelé « dépositaire » et dont les fonctions sont définies à l'article 77 de la Convention de Vienne. Elles peuvent être comparées à celles d'un notaire en droit civil. L'article 102 de la Charte des Nations Unes stipule que tout accord international conclu par un membre des Nations Unies doit être enregistré « aussitôt que possible », au secrétariat et publié par ce dernier. Cette obligation, dont on trouve la

---

[104] Réserves à la Convention sur le Génocide, Avis consultatif, C.I.J. Recueil 1951, pp. 24-26.

trace à l'article 80 de la Convention de Vienne de 1969, a été imposée afin d'éviter la pratique de traités secrets[105].

Le Directeur général de l'Agence internationale de l'énergie atomique ou le Secrétaire général des Nations Unies sont des exemples d'organes qui agissent entre autres en tant que dépositaires de diverses conventions ; depuis 1945, plus de Cinq cents traités multilatéraux ont été déposés auprès de ce dernier. Mais cette tâche peut également être confiée à un gouvernement reconnu par ceux qui le désignent comme dépositaire. Citons l'exemple de la Suisse qui assume aujourd'hui les fonctions de dépositaire à l'égard d'une soixantaine de traités internationaux. Les fonctions du dépositaire ont un caractère international et le dépositaire est tenu d'agir impartialement dans l'accomplissement de ses fonctions (article 76 § 2).

En vertu de l'article 102 de la Charte des Nations Unies aucune partie à un traité ou accord international qui ne n'aura pas été enregistré au Secrétariat des Nations Unies ne peut invoquer ledit traité ou accord devant un organe des Nations Unies, notamment devant la Cour internationale de justice.

Section X La conclusion des traités et accords internationaux en droit interne congolais

Au regard de la constitution de la RDC du 18 février 2006, les articles suivants nous éclairent :

---

105 P. KLEIN, « Article 80 (convention de 1969) », in O. CORTEN et P. KLEIN, *Les conventions de Vienne sur le droit des traités. Commentaire article par article*, *op. cit.*, p. 2820 ; J-P. JACQUES, « Article 102 », in J-P. COT et A. PELLET (dir.), *La Charte des Nations Unies. Commentaire article par article*, 3ème éd., Paris, Economica, 2005, p. 2117.

Article 213

Le Président de la République négocie et ratifie les traités et accords internationaux.

Le Gouvernement conclut les accords internationaux non soumis à ratification après délibération en Conseil des ministres. Il en informe l'Assemblée nationale et le Sénat.

Article 214

Les traités de paix, les traités de commerce, les traités et accords relatifs aux organisations internationales et au règlement des conflits internationaux, ceux qui engagent les finances publiques, ceux qui modifient les dispositions législatives, ceux qui sont relatifs à l'état des personnes, ceux qui comportent échange et adjonction de territoire ne peuvent être ratifiés ou approuvés qu'en vertu d'une loi.

Nulle cession, nul échange, nulle adjonction de territoire n'est valable sans l'accord du peuple congolais consulté par voie de référendum.

Article 215

Les traités et accords internationaux régulièrement conclus ont, dès leur publication, une autorité supérieure à celle des lois, sous réserve pour chaque traité ou accord, de son application par l'autre partie.

Article 216

Si la Cour constitutionnelle consultée par le Président de la République, par le Premier ministre, le Président de l'Assemblée nationale ou le Président du Sénat, par un dixième des députés ou un dixième des sénateurs, déclare qu'un traité ou accord international comporte une clause contraire à la Constitution, la ratification ou l'approbation ne peut intervenir qu'après la révision de la Constitution.

Article 217

La République Démocratique du Congo peut conclure des traités ou des accords d'association ou de communauté comportant un abandon partiel de souveraineté en vue de promouvoir l'unité africaine.

La Constitution de la République fait une place importante aux traités et accords internationaux. Le constituant congolais a pris une position claire par rapport au problème de hiérarchie entre normes internes et normes internationales et, la question ne souffre plus guère la discussion. D'ores et déjà, la Constitution de la R.D. du Congo se conforme à la position de la C.I.J. : « le principe fondamental en droit international de la prééminence de ce droit sur le droit interne » (Rec., 1988, p.34).

Au regard de l'article 213, le Président de la République négocie, ratifie les traités et accords internationaux. Dans la pratique constante des États, le Président négocie par une personne interposée revêtue des pleins pouvoirs et signe le traité, si celui-ci le prévoit ainsi. Il peut dans des rares cas négocier directement avec les autres chefs d'États. A ce stade, il agit seul.

L'Assemblée nationale et le Sénat sont tenus informés des accords internationaux, conclus par le Gouvernement, non soumis à la ratification après délibération en conseil des ministres. A ce stade, l'Assemblée et le Sénat ne jouent qu'un rôle passif, c'est-à-dire d'être seulement informé sans qu'ils lèvent une quelconque opposition.

Certains traités, comme les traités de paix, les traités de commerce, les traités et accords relatifs aux organisations internationales et règlement des conflits internationaux, ceux qui engagent les finances publiques, ceux qui modifient les dispositions législatives, ceux relatifs à l'état des personnes, ceux qui comportent échange et adjonction de territoire ne peuvent être ratifiés ou approuvés qu'en vertu d'une loi. Sans l'accord du peuple congolais consulté par voie de référendum, nulle cession, nulle adjonction de territoire n'est valable (article 214). L'exclusivité du chef de l'État est donc battue en brèche devant les traités ci-haut énumérés car le concours du peuple, souverain primaire, est requis.

La prépondérance des traités et accords internationaux régulièrement conclus sur les lois internes est affirmés sans équivoque, dès leur publication, sous réserve pour chaque traité ou accord, de son application par l'autre partie (art. 215). Cette disposition constitutionnelle est conforme à l'article 26 de la Convention de Vienne qui dispose : « tout traité en vigueur lie les parties et doit être exécuté par elles de bonne foi ». L'autorité supérieure des traités et accords internationaux ne fait aucun doute, « si la Cour constitutionnelle consultée par le Président de la République, par le Premier ministre, le Président de l'Assemblée nationale ou le Président du Sénat, par un dixième des députés ou un dixième des sénateurs, déclare contraire à la constitution, la ratification ou l'approbation ne peut intervenir qu'après la révision de la constitution ». Le droit interne suit le droit international et non le contraire.

La R.D. du Congo peut abandonner d'une manière partielle sa souveraineté en vue de promouvoir l'unité africaine (art. 217).

QUESTIONNAIRE DU CHAPITRE II. LA CONCLUSION DES TRAITES ET LE TRIOMPHE DU VOLONTATISME

1. Démontrez, au regard de la procédure classique de la conclusion des traités internationaux, que le droit international est volontariste ?

2. Qu'entend-t-on par volontarisme étatique en droit international ?

3. Citez-nous les différentes étapes classiques à parcourir dans la conclusion d'un traité international ?

4. Quelles personnes en vertu de leurs positions peuvent négocier un traité international au nom et pour le compte de leur État sans produire les pleins pouvoirs ?

5. Quelle importance juridique accordez-vous aux pleins pouvoirs et à la signature dans la conclusion d'un traité international ?

6. Qu'entendez-vous par :

   a) la ratification d'un traité international

   b) l'adhésion à un traité international

7. Quelle est l'autorité compétence pour procéder généralement à la ratification d'un traité international au regard du droit constitutionnel congolais ?

8. Dans quelles hypothèses un État peut se trouver lié par un traité international qu'il n'a pas pourtant ratifié ?

9. Qu'est-ce qu'une réserve à un traité international ?

10. Dans quels cas les États sont-ils privés de leur droit d'émettre des réserves à un traité international ? Justifiez votre réponse.

11. Quel est le rôle de l'institution du dépositaire en droit international des traités ?

12. Quel rapport établissez-vous entre l'institution du dépositaire et celle de l'enregistrement en droit international ? Expliquez-vous.

13. Quelle sanction le droit international attache-t-il au défaut d'enregistrement d'un traité international ?

CHAPITRE III.

LA VOLONTÉ RÉELLE ET LA VOLONTÉ DÉCLARÉE DANS LA CONCLUSION DES TRAITÉS

En droit international, la volonté est envisagée différemment selon le sujet concerné[106].

L'élément d'une évidence majeure et le plus apparemment délicat pour tout traité, bilatéral ou multilatéral, est la manifestation ou la formation de la volonté au moment où elle se concrétise. Encore faut-il distinguer la « volonté réelle (Section I) » (*Willenstheorie*) de la « volonté déclarée (Section II) » (*Erklärungdtheorie*).

Section I. La volonté réelle

Les constitutionnalistes nous diront que c'est la volonté réelle qui compte en matière de conclusion des traités internationaux. De tout temps, la doctrine des publicistes les plus qualifiés des nations civilisées a aussi été pratiquement unanime à admettre la détermination par le droit interne des États, auteurs de normes du droit international, des organes étatiques compétents pour conclure les traités. Le respect de la volonté réelle était déjà soutenu par certains des plus anciens auteurs et leurs arguments, jusqu'à nos jours, font autorité[107], car par

---

[106] J. SALMON, op.cit, p.1141.

[107] On peut citer : M. De VATTEL, *Le droit des gens ou principe de la loi naturelle appliquée à la conduite et aux affaires des nations et des souverains*, T. I, Paris et Lyon, 1820, pp. 375-377 ; H. WHEATON, *Éléments du droit international*, t. I, Leipzig et Paris, 1848, pp. 227-273 ; FUNCK BRENTANO et S. ALBERT, *Précis du droit de gens*, Paris, 1877, p. 97 ; E. DUPLESSIX., *La loi des nations*, Paris, 1906, p. 139 ; P. FIORE, *Le droit international codifié et sa sanction juridique*, Naples, 1911, p. 387.

définition, un État ne peut être subordonné à aucune autorité extérieure et ne se lie que par un acte émanant de sa propre volonté.

Les internationalistes argumentent et soutiennent que la volonté déclarée valide le traité. Cependant, entre le moment de la formation du consentement au traité, qui s'étend de la signature à la ratification, on se demande à travers quels organes étatiques et de quelle manière les parties manifestent leur volonté ? La tâche n'est pas si facile qu'on puisse le prétendre, car le fait que l'on se trouve devant les États, on pourrait être en présence d'une volonté apparente qui est souvent confondue avec la volonté réelle. Un traité signé après les négociations ne sera pas nécessairement ratifié. Aussi, parle-t-on souvent de licéité de refus de ratification qui découle du caractère discrétionnaire de l'État de ratifier un traité international.

La volonté réelle ou déclarée dépend également en grande partie des organes internes qui concourent à la formation de la volonté de l'État qui conclut le traité. Dans une monarchie, la compétence de conclure les traités revenait jadis, comme en France, au monarque qui déclarait la volonté de l'État d'être lié par le traité. Il devait conclure les traités sans le concours d'autres organes de l'État. Le Roi Louis-Philippe ratifia seul, en 1832, le traité en vertu duquel la France devait indemniser les dommages subis par les Américains pour un montant de 25 millions de francs, car la Constitution de 1830 confiait d'une manière exclusive la compétence de conclure les traités au Roi[108]. Actuellement, cette volonté est réservée au chef de l'État en vertu des dispositions

[108] LUNDA BULULU, LUNDA-BULULU, *La conclusion des traités en droit constitutionnel zaïrois. Étude de droit international et de droit interne*, Bruxelles, Bruylant et éditions de l'Université de Bruxelles, 1984, p. 40.

constitutionnelles. La Reine d'Angleterre a cette compétence[109].

Au Canada, la formation de la volonté peut être initiée par le ministre des Affaires extérieures, mais il reviendra au Gouverneur général en vertu de la prérogative royale, selon les lettres patentes de 1947, de la déclarer pour la porter à la connaissance des autres parties contractantes. Le premier ministre informe le Parlement de la teneur du traité conclu, mais celui-ci n'exerce que le contrôle politique. Aux États-Unis d'Amérique, la coopération entre le président et le Congrès est requise en la matière[110]. Au Congo Démocratique, seul le président ratifie le traité sauf disposition contraire de la constitution.

La formation de la volonté est tellement complexe qu'il faut l'envisager selon le système politique d'un État. Les frontières entre la formation de la volonté, initiée par la signature, et la compétence de déclarer cette volonté relève du droit interne; la nature du traité aussi en dépend.

La Constitution suisse du 29 mai 1814 nous offre un exemple remarquable. L'organe compétent pour former la volonté de l'État en matière de conclusion des traités internationaux est l'Assemblée fédérale. Elle délibère ou

---

[109] ATHERLEY JONES, « The Treaty-Making Power of the Crown », *Transactions of the Grotis Society*, 1919, p. 95 et ss. ; JÈZE, « Chronique constitutionnelle d'Angleterre Rôle des Chambres en matière de traités internationaux », *Revue du droit public*, 1905, pp. 614 et ss ; S. BROWN, « Ratification of treaties in Great Britain », *American Journal of International Law*, 1924, p. 296 et ss ; Mc. NAIR, « L'application et l'interprétation des traités d'après la jurisprudence britannique », 1933 I, *Rec. Cours de La Haye*, pp. 253 et ss., 297 et ss ; STEWART, « Treaty-Making Procedure in the United Kingdom », *American Political Science Review*, 1938, pp. 665 et suiv.

[110] R. PINTO, *Les pouvoirs du Sénat américain en matière des traités*, 1950, R.D.P., pp. 363-382.

soumet d'autres catégories de traités *ad referendum* populaire. Cependant, seul le Conseil fédéral suisse est l'organe collectif à qui revient la compétence de déclarer la volonté de l'État au niveau international[111].

D'après la Constitution des États-Unis d'Amérique du 17 septembre 1787[112], le Chef de l'État doit obtenir l'approbation du Congrès pour ratifier un traité. Ce concours est un élément essentiel, car seul le Congrès autorise le chef de l'État à déclarer cette volonté. Il en est de même de l'article 80 de la constitution italienne, lequel dispose : « Les Chambres autorisent avec la loi la ratification des traités internationaux qui sont de nature politique, ou prévoient l'arbitrage ou les règlements judiciaires, ou apportent les variations du territoire ou charges aux finances ou modification des lois[113] » *(Notre traduction)*. La question est donc de savoir : Qu'adviendra-t-il du traité ou des traités dont la volonté déclarée à la communauté internationale s'est faite en violation des dispositions de l'ordre juridique interne ? La situation engendrée par un coup d'État pourra susciter la

---

111 FERMAUD, *Le referendum sur les traités internationaux en Suisse*, Montpellier, 1932 ; RICE, « The Position of International Treaties in Swiss Law », *American Journal of International Law*, 1952, p. 641.

112 BUTLER, *The Treaty-Making Power of the United States*, New York, 1902 ; JÈZE, « Du rôle des Chambres dans l'approbation ou l'exécution des traités internationaux d'après la constitution des États-Unis », *Revue du droit public*, 1904, pp. 455 et ss ; ANDERSON, « The extent and limitation of treaty-making power under the constitution », *Am. Journal of Int. Law*, 1907, p. 636 ; DEVLIN, *The Treaty-Making Power under the Constitution*, San Francisco, 1908.

113 « Le camere autorizzano con legge la ratifica dei trattati internazionali che son di natura politica, o prevedono arbitrati o regolamanti giudiziari, o importano variazioni del territorio od oneri alle finaze o modificazioni di leggi.» Questo articolo va collegato all'articolo 87(8) comma, il quale stabilisce che il Presidente delle Republica « ratifica i trattati internazionali, previa, quando occorra, l'autorizzazione delle camere ».

confusion entre la volonté réelle et la volonté déclarée. « En pratique, c'est à la suite de changements politiques que des gouvernements ont parfois tenté de se libérer des liens contractuels établis par le régime précédent[114] » Généralement, il revient à l'organe qui, selon le droit interne est compétent pour ratifier le traité de porter cette volonté à la connaissance de la communauté internationale.

Section II. La volonté déclarée

La volonté déclarée est une note discordante entre constitutionnalistes et internationalistes pour qui elle rend le traité valide. Les tenants de la volonté déclarée n'attachent de l'importance au droit interne que sur l'unique point de la désignation de l'organe qui doit communiquer la volonté de l'État concerné d'être lié par le traité international.

La doctrine retient que la volonté déclarée émane du chef de l'État ou du ministre des Affaires étrangères ou, encore, du premier ministre. Elle oublie un problème constitutionnellement épineux, celui de l'usurpation du pouvoir de l'État par un individu ou un groupe d'individus à la suite d'un coup d'État, par exemple. Nous retenons trois arguments que le courant internationaliste avance pour soutenir sa thèse.

§1. Ius repraesentationis omnimodae

La manifestation de la volonté de l'État d'être lié par un accord international, avons-nous dit, émane du chef de l'État, manifestation concrétisée par la signature et la

---

[114] Voir Th. MERON, « Artcle 46 of Vienna Convention in the Law of Treaties (Ultra vires treaties). Some Recent Cases », *BYBIL*, 1975, pp. 175 et s.

ratification de l'accord. D. ANZILOTTI [115] soutient que dès la désignation par l'ordre juridique interne de l'organe chargé des relations extérieures en général c'est le Chef de l'État, le chef du gouvernement ou le ministre des Affaires étrangères, celui-ci est investi par le droit international du *ius repraesentationis omnimodae*. P. LABAND [116] est aussi de cet avis.

Dans bien des cas, le droit interne désigne le chef de l'État comme organe compétent pour porter à la connaissance de la communauté internationale la volonté « réelle » de l'État. Il faut retenir que la ratification effectuée (généralement) par le chef de l'État est une exigence du droit international et l'assentiment parlementaire est une exigence du droit constitutionnel. Le législatif n'intervient pas pour la conclusion proprement dite du traité. D'où il faut dire que les internationalistes, loin de s'écarter des constitutionnalistes, les rejoignent et confirment leur thèse. Ainsi, si un ministre de la santé ou de la défense qui déclare engager son pays au niveau international en signant un traité-loi ou un traité-contrat alors qu'il n'a pas cette compétence selon le droit interne, cette « volonté déclarée » est nulle et sans effet tant au niveau interne et qu'au niveau international.

Aussi, le chef de l'État qui aurait pris le pouvoir par des moyens illégaux, brutaux et violents n'a pas la compétence d'engager internationalement la volonté

---

115 D. ANZILOTTI, « Cours de droit international », Vol. I, traduction française de G. GIDEL d'après la 3e éd., Paris, 1929, pp. 259 et ss.

116 P. LABAND, *Le droit public de l'Empire allemand*, traduit par C. CANDILLON et Th. LANCUIRE, t. II, Paris, 1901, p. 714.

étatique[117]. Car, il serait surprenant qu'un État ait légalisé l'usurpation du pouvoir.

Une interrogation demeure : qu'adviendra-t-il d'un traité conclu par un chef d'État issu d'un coup d'État ? Deux solutions s'imposent. Le traité sera valide au niveau externe ; en revanche, il sera jugé non valide au niveau interne. A dire vrai, il devrait être considéré comme nul et sans effet à tous les niveaux. Restera la question de l'accession au pouvoir qui, en principe, octroie à un organe la compétence d'agir au nom de l'État. Les internationalistes ne s'occupent pas de l'accession démocratique du chef de l'État au pouvoir, mais ils se contentent tout simplement de la « volonté déclarée » par l'organe désigné selon le droit interne.

Comme, en matière de contrat, un acte juridique accompli par un incapable ou un mineur est nul, la volonté déclarée en violation du droit interne rend nul le traité. L'acte devient alors illicite, illicéité à communiquer aux autres parties à l'accord une volonté qui n'est pas réelle. Si un acte relatif à la conclusion d'un traité est accompli sans

---

117 Sur cette question infiniment délicate, le professeur Marc BOSSUYT nous fait remarquer que si tous les chefs d'État arrivés au pouvoir par des moyens illégaux ne pouvaient pas conclure de traités, il y aurait un énorme problème pour beaucoup d'États... « Nous pensons à tous les coups d'états qui ne cessent de porter au pouvoir les chefs d'États africains et sud-américains.» Les internationalistes pensent et avec raison que la porte est hermétiquement fermée en ce qui concerne la validité des traités par rapport aux successions et fluctuations des régimes politiques. Cependant, le gouvernement qui accédera au pouvoir démocratiquement pourra maintenir les traités-lois qui sont normatifs. Il peut envisager de déclarer nul et sans effet les traités-contrats en les assimilant au gentlemen's agreement qui ne lient que les dirigeants politiques sur leur honneur, sans engager les pays dont ils prétendent être des représentants. Dans ce cas, il pourra dédommager l'autre État.

les pleins pouvoirs, il est nul de tout effet, à moins d'être confirmé par la suite par l'État en cause (art. 8)[118].

La nullité d'un traité irrégulièrement conclu repose également sur le fait que la transposition de « principes généraux du droit » dans les rapports internationaux étant rendu possible, il est aussi vrai qu'en cas de contentieux de l'annulation de l'acte juridique international, lorsque la discordance entre la volonté déclarée et la volonté interne ou réelle résulte d'un vice de consentement (erreur, violence), la solution doit être proche de celle qui est retenue en cas d'erreur sur la personne en matière de contrat civil.

Les analyses de plusieurs auteurs, généralement dualistes, convergent vers le point commun. Elles confirment la nullité des traités irrégulièrement conclus, irrégularité résultant de la violation de l'ordre juridique interne. Aussi, l'absence d'une règle de droit international coutumier sur le *ius repraesentationis omnimodae* fait que le courant constitutionnaliste sort victorieux dans le combat avec le courant internationaliste, car le pouvoir exécutif de l'État concerné refusera d'assurer l'exécution d'un accord illicite dans la mesure où il exigerait le concours d'autres organes étatiques, tels les pouvoirs judiciaire et législatif[119].

§2. La Sécurité dans les rapports internationaux

Les traités conclus par un chef d'État issu d'un coup d'État peuvent être contestés et jugés illicites par un gouvernement qui arrivera au pouvoir d'une manière démocratique. Ces accords illicites peuvent aussi poser un

---

118 Les documents des Nations Unies fournissent plusieurs exemples. A/CONF.39/11/Add. 2, p. 14.

119 LUNDA BULULU, *op. cit.*, p. 25.

problème de réparation du préjudice subi par l'autre partie du fait qu'ils sont déclarés nuls. Aussi, le préjudice doit être réparé car, le refus de réparation peut mettre la sécurité de l'État préjudiciable en jeu.

Sur la question d'annulation d'un traité pouvant causer un dommage à l'autre État, G. SALVIOLI écrit que l'État qui a causé ledit dommage doit le réparer. Une forme utile de réparation pourra être le maintien en vigueur d'un traité qui, en raison de l'incompétence de l'organe qui l'a conclu, n'est pas à proprement parler l'expression de la volonté de l'État.

A dire vrai, l'État est obligé d'exécuter les obligations du traité *non ex contracto*, mais *ex delicto*[120]. La réparation, généralement, s'opère par voie pécuniaire et le refus peut entraîner des conséquences fâcheuses qui peuvent nuire à la sécurité dans les rapports internationaux dans la mesure où la partie préjudiciable refuse la réparation à l'amiable. C'est ainsi que « l'on invoque souvent la sécurité dans les rapports entre les États pour reconnaître la validité à un accord irrégulièrement conclu[121] »

Un accord ne devient source de tensions ou d'incidents diplomatiques que s'il a été conclu en violation des règles internes relatives à la conclusion des traités ou par une personne qui, au fait, ne porte pas aux autres parties la « volonté réelle » de l'État. Un tel traité doit être purement et simplement annulé, car la sécurité dans les rapports internationaux découlent de l'exécution entière et parfaite par l'État qui en reconnaît la validité. L'acharnement d'une partie sur l'autre pour donner effet au traité qu'elle

---

[120] G. SALVIOLI, « Les règles générales de la paix », (1933) 4, *R.C.D.I.*, p. 17.

[121] LUNDA BULULU, *op. cit.*, p. 27.

juge non valide envenime les relations internationales plutôt qu'il ne les sécurise. Reste encore la question du respect de la souveraineté des États beaucoup débattue dans la doctrine, celui de ne pas interférer dans les affaires intérieures d'un État. La conclusion d'un traité international a toujours été considérée comme relevant de la politique étrangère d'un État, donc une question qui rentre dans les affaires intérieures d'un État souverain.

§3. Le Souci d'éviter des immixtions dans le mécanisme politique interne des États

Les traités une fois conclus posent deux problèmes majeurs. Le premier est celui de leur validité sur plan international. Le deuxième concerne leur application au niveau interne par l'État signataire.

Le droit international s'intéresse à une déclaration faite en bonne et due forme par l'organe désigné selon le droit interne. Il peut arriver, comme l'histoire des négociations des traités nous offre plusieurs exemples, que la représentativité d'un agent pour agir au nom de son pays ait été contestée par l'ensemble de pays signataires[122]. Cependant, la contestation d'un accord ratifié par le chef de l'État peut engendrer une vive protestation, car celui-ci soutiendra qu'il s'agit ouvertement d'immixtions dans le

---

[122] Une telle contestation a une connotation politique. En 1992, le président Mobutu, contesté par les pays de la Communauté européenne à cause des violations des droits de la personne humaine, envoie deux ministres aux réunions des États d'Afrique, des Caraïbes et du Pacifique (ACP). Leur représentativité est vivement contestée par les pays européens qui avaient un an auparavant refusé de reconnaître son gouvernement de transition, cependant, ils reconnaissent la légitimité des ministres du gouvernement parallèle. C'est ainsi par voie de vote que les ministres de Mobutu eurent la majorité des pays africains et furent retenus aux assises. Mobutu protesta auprès de la Communauté européenne.

mécanisme politique de son pays en matière de conclusion des traités.

Quant à la difficulté pratique pour distinguer dans les dispositions constitutionnelles celles qui concernent la validité internationale des traités de celles qui ne visent que l'application de l'accord international au niveau interne, elle serait née d'une certaine rédaction de textes constitutionnels sur la réglementation relative à la conclusion des traités[123].

La survie d'un traité dépend du respect formel de l'ordre juridique interne lors de sa conclusion. Le traité régulièrement conclu selon le droit international, s'il est signé et ratifié sans le concours de l'organe ou des organes étatiques susceptibles d'assurer l'applicabilité de l'accord, aura en vérité très peu de chances de survivre.

L'immixtion dans le mécanisme politique interne des États revient en surface quand les États parties confirment la validité d'un traité contesté par un organe étatique compétent d'un État membre. Il est aussi vrai que l'interprétation d'une constitution d'un État étranger n'est pas une chose aisée. Dans la mesure où les internationalistes s'accordent pour retenir la volonté déclarée au détriment de la volonté réelle, ils n'oublient pas la difficulté qui surgira lors de l'exécution de l'accord au niveau interne.

Aussi, avec le principe d'égalité des États retenu dans la Charte des Nations Unies [article 1(2) et article 2(1)], aucun État n'a le pouvoir d'imposer à un autre l'observation de ce dont ils n'ont pas convenu.

---

123 LUNDA BULULU, *op. cit.*, p. 29.

Ce principe a ses corollaires, celui de non-intervention et celui de non-ingérence dans les affaires intérieures d'un autre État[124]. Affirmés dans l'ordre politique par les non-alignés puis par les pays communistes au début des années soixante au titre de « principes de la coexistence pacifique », [...] et seront repris sinon développés en 1970 dans une résolution de l'Assemblée générale. La Cour internationale de justice a eu l'occasion de souligner l'importance de ces principes dans la Déclaration relative aux principes du droit international touchant les relations amicales et la coopération des États[125]. Pour tout dire, l'égalité souveraine des États leur confère l'immédiateté internationale.

---

[124] Bien que les deux notions, intervention et ingérence, soient proches et souvent employées indifféremment, on considère que l'intervention implique normalement une atteinte au territoire de l'État, alors que l'ingérence, notion plus large, ne l'implique pas. L'ingérence peut être constituée par de simples paroles, compte tenu des circonstances dans lesquelles elles sont prononcées. Le « Vive le Québec libre » prononcé par de Gaulle en 1968 lors d'une visite au Canada constitue une référence véritablement topique. P.-M. MARTIN, *Op.cit.*, p. 50.

[125] *Affaire des activités militaires et paramilitaires au Nicaragua et contre celui-ci* (Nicaragua c. États-Unis d'Amérique), fond, arrêt, (1986) C.I.J. Rec. 14 ; Voir P.M. DUPUY, *op. cit.*, p. 245.

QUESTIONNAIRE DU CHAPITRE III.

LA VOLONTE REELLE ET LA VOLONTE ECLAREE DANS LA CONCLUSION DES TRAITES

1. Quelle différence établissez-vous entre la volonté réelle et la volonté déclarée de l'État de se lier par un traité international ? Selon vous, y a-t-il conflit ou, plutôt, complémentarité entre les deux notions ? Justifiez votre réponse.

2. Indiquez, en vous référant au droit interne congolais, quelles sont les autorités susceptibles d'intervenir dans le processus de formation de la volonté de l'État de se lier par un traité international.

3. Comment appréciez-vous les effets d'un traité à l'égard d'un État lorsque :

a. Il a été signé ou ratifié par une autorité n'ayant pas compétence, en vertu du droit interne, d'engager son État sur le plan international ?

b. Il a été signé ou ratifié par une autorité qui, selon le droit interne, est illégale, tel le cas lorsqu'elle est issue d'un coup d'État militaire ?

CHAPITRE IV.

LA CONCLUSION DES TRAITÉS EN DROIT INTERNE DES ETATS

Les États n'étant pas les sujets exclusifs du droit international ; outre les organisations internationales, d'autres types de personnalités internationales telles que le Saint-Siège et à certains égards certains États membres d'un État fédéral, peuvent jouir de la capacité de conclure un traité. Acceptons que la conclusion des traités internationaux fasse appel au droit interne des États et au droit international général.

Section I. La compétence de conclure les traités

Un traité est un accord entre les sujets du droit international qui sont qualifiés pour le faire. L'article 6 de la Convention de Vienne énonce ce principe. Cependant, la compétence de devenir partie à un traité revient aux États et aux autres entités considérées comme personne juridique internationale. Gardons toujours à l'esprit les principes relatifs à la détermination de personnalité juridique internationale.

Pour un État, il doit réunir trois éléments : population permanente, territoire bien limité et gouvernement, parfois la reconnaissance des nations civilisées membres des Nations Unies. Pour une organisation internationale, une autonomie fonctionnelle et financière et accomplir une mission internationale qui ne serait pas en contradiction avec les principes et les buts des Nations Unies. Nous limitons notre analyse à la compétence des États de conclure des traités internationaux.

En effet, la compétence spécifique de conclure les traités n'est pas une manifestation générique de la compétence juridique internationale des sujets. Toutefois, en ce qui concerne la compétence de conclure les traités comme dispose l'article 6 de la Convention, on se bute contre une autre réalité avec l'avènement de plusieurs entités internationales, telles les organisations internationales qui ont aussi cette compétence. De la sorte, on ne peut pas faire abstraction de la personnalité juridique internationale comme étant un élément nécessairement retenu pour cette compétence. Il faudra tenir compte de la structure individuelle de chaque organisation et de voir comment dans le domaine de chacune, on organise la compétence de conclure les traités internationaux[126].

Il y a lieu de remarquer à ce sujet un problème qui attire plus l'attention des internationalistes : l'ensemble des questions qui rejoignent les hypothèses d'un accord entre un État d'une part et une personne juridique ou une entreprise privée d'autre part. La complexité réside dans le fait que le cocontractant, l'État, est pleinement sujet du droit international, d'un côté et de l'autre côté, il y a l'organisation, sujet du droit privé lequel ne possède pas la personnalité internationale. Dans ce cas, plusieurs juristes s'accordent à dire qu'on ne peut pas confirmer que de tels accords sont des traités internationaux.

---

126 Voir le rapport de FITZ Maurice à la Commission du droit international des Nations Unies. Cf. art. 9(2)b). « The treaty-making power is exercised, in the case of an international organization, by such methods as are provided for in its constitution, or decided upon by its competent organs acting within the limits of their functions ; but, if nothing else is indicated or decided on by the Secretary-General of the organization » PARRY, « The Treaty-Making Power of the United Nations », *British Yearbook of Int. Law*, 1949, p. 108 ; CARROZ, PROBST, *Personnalité juridique internationale et capacité de conclure des traités de l'ONU et des institutions spécialisées*, Paris, 1953 ; SCHNEIDER, *Treaty-Making Power of International Organization*, Genève, 1959.

Aussi, les contrats conclus entre deux ou plusieurs États en rapport avec leur attribut de la qualité de droit interne ne sont pas des traités. Par exemple : un contrat obtenu par l'État A pour construire avec une société de l'État B le chemin de fer reliant l'État B et l'État C ne peut pas être considéré comme un traité au sens du droit international, mais seulement la présence des ressortissants de l'État A sur le territoire de l'État B engage la responsabilité de ce dernier de les protéger à l'intérieur de ses frontières. On ne peut pas dans ce cas parler d'un traité international. Ce problème, à dire vrai, relève du droit international privé. La dépendance de la société privée à l'égard du gouvernement brise en quelque sorte le caractère international dont un État est revêtu. Peut-on considérer comme un traité un accord entre deux gouvernements coloniaux dépendant d'un même État ? La réponse est loin d'être positive.

Jadis, les accords entre les dominions britanniques ou entre un dominion et un autre État n'étaient pas considérés comme des traités. Le refus d'accorder le statut international aux accords conclus entre deux entités dépourvues du statut de sujet de droit international avait beaucoup influencé les travaux de la Convention de Vienne. Ainsi, la thèse fédéraliste a pu triompher lors du projet de la Convention de Vienne sur les traités[127]. En effet, le paragraphe 2 de l'article 5 de l'avant-projet de la

[127] LEWIS, « The treaty-making power of the Dominions », *The British Yearbook of International Law*, 1925, p. 31; MOORE, « The Dominions and treaties », 1926, *Journal of Comp. Legisl. and Int. Law*, p. 21 ; CHEVALIER, « Les dominions britanniques et le droit des traits », *Revue de droit international*, II, 1929 ; MACKENZIE, « Canada: the Treaty-Making Power », *British Year book of Int. Law*, 1937, p. 172 ; STEINBERGER, « Constitutional subdivisions of States or Unions and their capacity to conclude treaties », 1967, 27 Zeit. für ausl. off. Recht und Volkerrecht, p. 411.

Commission du droit international disposait : « Les États membres d'une union fédérale peuvent avoir la capacité de conclure des traités si cette capacité est admise par la constitution fédérale et dans les limites indiquées dans ladite constitution. » Cette proposition a eu le malheur de ne pas être retenue et, d'ailleurs, le délégué canadien aux travaux préparatoires avait vigoureusement levé une protestation[128]. Et, il a été entendu. Nous examinerons cet aspect quand nous aborderons la thèse fédérale dans la section suivante.

De ce qui précède, il faut conclure que ne sont pas des traités internationaux, mais des actes du droit interne, des accords entre deux entités dépendantes, même autonomes, et l'organisation politique supérieure.

On assimile, dans une analogie restreinte formelle, les concordats[129] aux traités internationaux, lesquels sont conclus entre le Saint-Siège et certains États en vue de régler la condition de l'Église et du culte dans tel État. On applique aux concordats les normes applicables aux traités, ce faisant, ils sont des accords internationaux[130]. Cette conclusion peut être accueillie avec assurance en tenant compte de la personnalité juridique internationale du Saint-Siège, car celui-ci possède une organisation diplomatique sous divers aspects, laquelle est analogue à celle des États.

---

[128] L'Honorable Paul MARTIN, « Le fédéralisme et les relations internationales » (1968) et l'Honorable M. SHARP, « Le fédéralisme et les conférences internationales sur l'éducation », 1968, CASTEL, *op. cit.,* p. 919.

[129] CATALANO, *Problematica giuridica dei concordati*, Milano, 1963 ; G., CANASA, Multamenti costituzionali e territoriali e sopravvivenza dei concordati, Torino, 1957; DUFFO, *Les concordats en droit international*, Toulouse, 1910.

[130] R. MONACO, *op. cit.*, p. 101.

Section II. La thèse fédérale

Avec l'avènement du principe du gouvernement responsable, gouvernement élu, le pouvoir de conclure des traités au Canada revient, nous l'avions déjà dit, uniquement à l'exécutif. La conduite des relations extérieures est dans les mains du gouverneur général qui a aussi, par voie de logique, le pouvoir de conclure les traités.

Les défenseurs de la thèse fédérale se réfèrent au droit coutumier[131], aux textes de l'ordre juridique interne et aux décisions des tribunaux canadiens. Ils s'accordent tous pour conférer la compétence de conclusion des traités au fédéral. *L'Affaire des conventions du travail* [132] est demeurée longtemps un excellent argument pour les tenants de cette thèse. La jurisprudence canadienne unanimement confirme l'autorité du pouvoir central, donc de l'exécutif, de conclure des traités.

Le juge en chef de la Cour suprême du Canada, M. DUFF, s'appuyant sur l'acquisition de la souveraineté internationale du Canada, se permet de dire que celui-ci est compétent pour conclure librement des accords à caractère international[133] et pour prendre des engagements. De la sorte, en vertu des principes fondamentaux de la Constitution canadienne, le gouvernement est contrôlé par le Parlement qui a le pouvoir de déterminer par des mesures législatives les conditions de conclusion des

---

131 P. LABAND ; L. BITTNER et D. ANZILOTTI, notamment, ont essayé de démontrer l'existence de cette règle coutumière attribuant aux chefs d'État cette compétence qui, au Canada revient au gouverneur général.

132 « In re the Wecly Rest in industrial Undertakings Act, 1935, The Minimum Wages Act 1935, The Limitation of Hours of Work Act, 1935 » (1936) S.C.R. 461.

133 Ibidem, pp. 478, 475, 477.

accords internationaux ; le juge DUFF précise que ce pouvoir est exclusif[134]. La thèse fédérale est aussi soutenue par le principe de la souveraineté du Canada ou de tout État qui se présente à tout jamais indivisible.

Section III. La thèse Québécoise

Au Canada, les prérogatives royales furent transférées à la Couronne (le gouvernement) par les Lettres Patentes de 1947 [135] et sont exercées par le gouverneur général, sur l'avis du Conseil des ministres. C'est ainsi que le gouvernement fédéral a gardé jalousement ce pouvoir discrétionnaire qu'il a toujours refusé de céder aux gouvernements provinciaux. Cependant, il leur facilite les contacts avec des gouvernements étrangers.

Cependant, suite à un compromis douloureux, le gouvernement québécois est autorisé par la *Loi du ministère des Affaires intergouvernementales* [136] à conclure des traités et « des accords intergouvernementaux » Dans ce cas, un « accord cadre » sera conclu de la façon habituelle par le gouvernement du Canada et les ministres et, les fonctionnaires provinciaux seront alors libres de conclure des accords subsidiaires directement ou en coopération avec les fonctionnaires fédéraux, suivant le cas.

En 1965, avec le consentement du gouvernement fédéral, le Québec signe le premier accord dit officiel avec un pays étranger[137]. Il était question d'un accord dans le

---

134 *Ibidem*, p. 496 (traduction de Anne-Marie JACOMY-MILLETTE).

135 S.C.R 1970, Appendice II, n° 36.

136 A.L.C. De MESTRAL, A., WILLIAMS, *op. cit.*, p. 280.

137 Voir MORIN, J.Y., « La conclusion d'accords internationaux par les provinces canadiennes à la lumière du droit comparé », 1965, 3 A.C.D.I., p. 267.

domaine de l'éducation entre le Québec et le gouvernement français. L'échange de lettres entre le fédéral et les autorités françaises a consolidé et légalisé l'accord[138]. Selon le droit international, un accord conclu par une province du Canada sans le consentement du pouvoir fédéral est nul et sans effet.

Ainsi, depuis cet accord le Québec ne peut conclure d'autres ententes avec les puissances étrangères qu'avec le consentement du gouvernement central qui seul détient la clé de sortie du Canada, lequel ne possède qu'une seule personnalité internationale au sein de la communauté des nations libres. Les tribunaux canadiens confirment aussi sans équivoque que seuls les États peuvent conclurent des traités internationaux[139]. Or, les provinces du Canada n'étant pas des États, par conséquent, elles ne peuvent pas conclure de traités, sauf avec l'avis du pouvoir fédéral.

Les tenants de la thèse québécoise argumentent sur la base des décisions judiciaires des tribunaux. Ils constatent le silence du droit constitutionnel qui ne réglemente pas la question de la conclusion des traités[140]. Ils s'appuient également sur la décision du Conseil privé de 1892, « *Liquidators of the Maritime Bank v. The Receiver*

---

[138] Échange de lettres du 27 février 1965 entre le chargé d'affaire a.i. de la France à Ottawa et le secrétaire d'État aux Affaires extérieures; voir A.E. GOTLIEB, « Canadien practice in International Law, 1965 », 1966, 4 A.C.D.I., p. 273.

[139] Francis c. R., 1956, R.C.S. 618 ; A.G. Ontario c. Scott, 1956, R.C.S. 137 ; Bawyls c. Collins, 1984, C.A. 268 (extraits dans J.Y. MORIN ; F. RIGALDIES et D. TURP, *op. cit.*, n°s. 124, 125, 137.

[140] À l'exception de l'art. 132 de l'Acte de l'Amérique du Nord Britannique de 1867 qui est devenu caduc. Aucun article de la constitution canadienne... n'intéresse la politique étrangère et, en particulier, l'exercice du « jus tratatum » Voir A. PATRY, « La capacité internationale des États fédérés », dans « Les pouvoirs extérieures du Québec », Montréal, P.U.M, 1967, p. 58.

General of New Brunswik [141] », et sur certaines décisions des tribunaux[142], comme celle de 1937 relative aux conventions du travail[143]. La compétence du Québec à conclure un traité dépend aussi de la forme de l'accord en question. La conclusion des ententes entre le Québec et d'autres États est régie par le chapitre III de la *Loi sur le ministère des Relations internationales*[144].

Section IV. De la forme des traités

La variété des attitudes que revêt l'accord entre les parties dans le système international, la simplicité de la procédure à travers laquelle s'ajoute la formulation de la volonté des cocontractants et l'absence des formalités requises considérées comme essentielles à l'existence et à la validité de l'accord, ont donné progressivement la vie à la conviction et au respect du principe général de la liberté de la forme en vigueur[145].

---

[141] 1892, A.C. 437, trad. dans « Rapport ... du Conseiller parlementaire », *op. cit.*, Annexe 3, cause n° 10, p. 33 : il s'agissait de décider si la province du Nouveau - Brunswick, à titre de créancier chirographaire d'une banque en liquidation, avait une créance prioritaire, privilégiée, de par la Prérogative de la Couronne; la décision donne une réponse affirmative.

[142] Voir « Document de travail sur les relations avec l'étranger », Notes préparées par la Délégation du Québec, 5-2-1969, II (2) ; « La Constitution canadienne », p. 15.

[143] (1937) A.C. 326, appel de (1936) S.C.R. 461 : « In re the Weekly Rest in Industrial Undertakings Act, 1935, The Minimum Wages Act, 1935, The Limitation of Hours of Work Act, 1935 ».

[144] L.R.Q. c. M-25.1. Voir l'entente France-Québec sur l'entraide judiciaire et la Loi assurant l'application de l'entraide judiciaire entre la France et le Québec, L.Q., 1978, c. 20.

[145] Voir « Law of Treaties » élaboré par Harvard Law School, auquel l'article 5 affirme nettement « Although a treaty must be a formal instrument, no particular form is required », *American Journal* (1935), Supplement, p. 722 ; voir aussi MONACO, *op. cit.*, p. 102.

Un traité peut prendre n'importe quelle forme. Cependant, celle-ci n'a pas de rapport quant à la valeur de ses conditions d'existence et de validité. Il reviendra alors aux parties de choisir les modalités formelles plus opportunes pour rendre leur volonté évidente[146]. Ce principe est largement admis dans la doctrine.

De ce point de vue, on ne peut établir aucun parallèle avec des actes de droit public au moyen desquels les organes de l'État manifestent leur volonté. Soulignons que dans un traité, on peut y déceler un préambule résumant l'acte et indiquant la motivation ou les raisons qui justifient l'existence de l'acte. Il n'existe à ce sujet aucune norme coutumière et aucune pratique constante. Ainsi, les différentes parties à l'acte doivent se soumettre aux conditions particulières et à n'importe quel mode souvent imaginé dans l'obligation.

Le traité se présente sous forme écrite ou non écrite. Il n'est donc pas exclu qu'un accord entre parties se concrétise oralement, comme en témoignent certains exemples. En 1933, la Cour permanente de justice internationale a statué en ce sens dans l'Affaire du *Groenland Oriental*[147], mais les accords non écrits sont rares. Le Canada ne nous offre pas d'exemples, sauf en matière de défense[148]. On associe souvent certaines décisions prises secrètement par les États membres de

---

146 Voir VITTA, *La validité des traités internationaux*, Leiden, 1940, p. 216 ; OPPENHEIM LAUTERPACHT, International Law, 8th ed., Vol. I., London, 1955, p. 707 ; FERRARI-BRAVO, *Diritto internazionale e diritto interno nella stipulazione dei trattati*, Napoli, 1964, p. 341.

147 C.P.J.I. Recueil des arrêts, Série A/B, N° 52 (1933), p. 69 : Voir VITT, *op. cit.*, pp. 220-221 ; DECLEVA, *Gli accordi taciti internazionale, Padova*, 1955, p. 9.

148 A. E. GOTLIEB, *Canadian Treaty Making*, Toronto, Butterworths, 1968, p. 22.

l'OTAN à des traités non écrits. Les États qui ont conclu de tels accords s'échangent des informations à caractère militaire, leur désavantage est qu'ils ne peuvent pas être soumis au Parlement, car ils sont, au fait, une collaboration hautement secrète. A dire vrai, les ententes et les engagements pris lors de telles rencontres ne peuvent pas être qualifiés de traités internationaux ; si nous pouvons confirmer, à la suite de Ch. ROUSSEAU, qu'un traité est une « opération à procédure »[149].

Section V. Des accords en forme simplifiée [150]

Il est vrai que le traité se présente sous diverses formes : accord écrit ou oral, instrument unique ou nombreux. Chaque État organise le régime de compétence de l'organe appelé à conclure le traité. Cette compétence est relativement liée à la forme de l'accord.

Aux traités internationaux s'opposent les accords en forme simplifiée, communément appelés *agreements* dans la pratique américaine[151]. Selon le droit interne américain, le président doit obtenir au préalable le consentement du Sénat qui est l'organe investi du *treaty-making power* pour conclure les traités internationaux. Cependant, pour ce qui est des *agreement*, le président peut, sans le consentement du Congrès, les conclure, car « ils sont dépourvus d'effet juridique et lient en principe les dirigeants politiques sur

---

149 Ch. ROUSSEAU, *Op.cit.*, p. 25.

150 G BURDEAU, « Les accords conclus entre autorités administratives ou organismes publics de pays différents », Mélanges REUTER, Paris, 1981, pp.103-126 ; C. CHAYET, « Les accords en formes simplifiés », AFDI, 1957 ; pp. 1-13 ; P.F, SMET, La conclusion des accords en forme simplifiée : étude de Droit International et de droit constitutionnel Belge et comparé, Bruxelles, Bruylant, 1963, 284 p.

151 Ch. ROUSSEAU, *op. cit.*, p. 23.

leur honneur, sans engager les pays dont ils sont les représentants[152] »

A dire vrai, cela n'est nullement pour étonner, au Canada, il n'existe aucune norme juridique d'ordre général contraignant le gouvernement à requérir l'approbation du Parlement, quelle que soit la forme du traité[153].

On a parfois assimilé timidement aux traités les rencontres des chefs d'États en vue d'une collaboration pendant la guerre, l'opinion que nombre de juristes rejettent avec vigueur. Les traités verbaux revêtent un caractère hautement politique et ont l'avantage d'être secrets[154]. Ils ne peuvent pas être soumis au Parlement et échappent à coup sûr à la procédure utilisée pour les traités formels. Ils peuvent s'éteindre lors du décès des personnes qui ont assisté aux rencontres qui ont entraîné leur établissement.

Ainsi, on peut dire que les accords en forme simplifiée sont une sorte de dérogation au schéma normal de perfectionnement des accords internationaux. Ils sont conclus sans l'intervention du parlement de l'État. Généralement, ils sont négociés et signés immédiatement et se distinguent par la pluralité d'instruments juridiques (échanges de lettres, de notes, de déclarations). C'est l'absence de ratification qui fonde la distinction entre les accords en forme simplifiée et les traités internationaux proprement dits.

---

152 P. M. EISEMAMN, *Le Gentlemen's agreement comme source de droit international*, Paris Clumet, 1979, p.p. 326 et s.

153 A.-M. JACOMY-MILLETTE, *op. cit.*, p. 118.

154 A.-E. GOTLIEB, « Canadian Treaty-Making », *op. cit.*, p. 22.

Section VI. De la succession d'un État aux traités [155]

Substitution de l'Etat successeur à l'Etat prédécesseur en tant partie à un traité international[156].

Un État nouvellement né a besoin d'une reconnaissance de la part des autres sujets de droit international. La substitution d'un État à un autre territoire à la suite de la création d'un nouvel État a des conséquences sur la succession de ce dernier aux traités conclus par son prédécesseur. La Convention de Vienne sur la succession d'États en son article 1 ne vise que les traités conclus entre États. Cet article équivaut à la définition du terme traité qu'en donne l'article 2(1) a) de la Convention de Vienne sur le droit des traités.

La succession d'États telle que définie par l'article 2(1) b) de la Convention de Vienne sur la succession vise une succession pacifique, conforme au droit international et aux principes de la Charte des Nations Unies (article 6). La succession qui résulte d'une annexion brutale est jugée illégale et est donc exclue du champ d'application de la Convention. La guerre du Golfe peut être regardée comme la défense de la communauté (ou des alliés) internationale de ce genre d'annexion. La doctrine STIMSON avait préconisé la non-reconnaissance en pareille situation[157]. La reconnaissance obéit plus aux idéologies politiques de

---

155 S. A. WILLIAMS, « International Legal Effects of Succession by Québec », Study n°8 of the York University constitutional Reform Project (1991), Centre for Public Law and Public Policy, 30-35.

156 J. SALMON, op.cit, p.1060.

157 Du nom de son promoteur (secrétaire d'État des États-Unis) ; doctrine préconisant la non-reconnaissance des situations de fait établies contrairement au droit international. Formulée en 1932 lors de la création du Mandchoukouo par le Japon au cours de la guerre sino-japonaise et approuvée par la S.D.N., la doctrine STIMSON s'est dans l'ensemble soldée par un échec.

l'État dont elle émane et elle est nécessaire pour qu'une situation illégale de fait se transforme en une situation de droit.

L'État successeur est-il automatiquement lié par les traités conclus par son prédécesseur ? La réponse est négative. L'État, nouvellement né, est maître de sa volonté et doit l'exprimer souverainement à la communauté internationale ou la manifester par son comportement.

L'article 8 réglemente sur la supériorité de la Convention sur tout accord de dévolution entre l'État prédécesseur et l'État successeur en matière de traités. L'article 9 reprend les dispositions de l'article 8 et vise toute déclaration de l'État successeur par rapport aux traités conclus par son prédécesseur. La liberté de contracter du nouvel État né d'une succession découle du principe d'effet relatif des traités dont le nouvel État est tiers.

L'article 10 vise le consentement expressément exprimé par écrit par l'État successeur en vue d'être lié par les traités conclus par son prédécesseur. La succession doit être notifiée à moins que le traité ne dispose autrement. La notification est un élément essentiel, car il s'agit de la formation de volonté de l'État successeur d'être lié par les traités conclus par son prédécesseur. La Grande-Bretagne avait conclu dans le passé plusieurs traités dont elle étendait l'application à tous les territoires dont elle assumait la responsabilité internationale, dont le Canada. Celui-ci, lors de son entrée dans le concert des États indépendants, a pris en considération les traités d'extradition conclus par son prédécesseur[158].

---

158 Selon une étude entreprise en 1961 par le professeur H.J. Lawford, la Grande-Bretagne a conclu environ dix-huit mille traités, mais la

Faisant nôtre la conclusion du professeur Claude EMANUELLI, soulignons que la Convention consacre le principe selon lequel l'État successeur n'est pas obligatoirement lié par les traités conclus par l'État prédécesseur et applicables au territoire ayant fait l'objet de la succession d'États. Cependant, dans le cas d'États nouvellement indépendants, leur participation résulte d'une manifestation positive de leur part à l'égard du traité. Au contraire, en ce qui concerne les autres cas de succession, la transmission est automatique à moins que les parties, dont l'État successeur, n'en décident autrement ou que cette transmission ne soit incompatible avec l'objet et le but du traité ou qu'elle ne modifie de façon radicale les conditions d'exécution du traité. Cette convention n'est pas encore entrée en vigueur[159].

La conclusion des traités et accords internationaux en droit interne congolais

La Constitution de la République fait une place importante aux traités et accords internationaux. Le constituant congolais a pris une position claire par rapport au problème de hiérarchie entre normes internes et normes internationales et, la question ne souffre plus guère la discussion. D'ores et déjà, la Constitution de la R.D du Congo se conforme à la position de la C.I.J. : « le principe fondamental en droit international de la prééminence de ce droit sur le droit interne » (Rec., 1988, p. 34).

Au regard de l'article 213, le Président de la République négocie, ratifie les traités et accords

---

question de savoir lesquels lient actuellement le Canada n'est pas encore définitivement résolue; H.J. LAWFORD, « Queen's University Treaty Project, Cumulative Progress Report to the Canada Council for the Period Ending march 15, 1970 », Document du travail n° 8.

159 C. EMANUELLI, *op. cit.*, p. 167.

internationaux. Dans la pratique constante des États, le Président négocie par une personne interposée revêtue des pleins pouvoirs et signe le traité, si celui-ci le prévoit ainsi. Il peut dans des rares cas négocier directement avec les autres chefs d'États. A ce stade, il agit seul.

L'Assemblée nationale et le Sénat sont tenus informés des accords internationaux, conclus par le Gouvernement, non soumis à la ratification après délibération en conseil des ministres. A ce stade, l'Assemblée et le Sénat ne jouent qu'un rôle passif, c'est-à-dire d'être seulement informé sans qu'ils lèvent une quelconque opposition.

Certains traités, comme les traités de paix, les traités de commerce, les traités et accords relatifs aux organisations internationales et règlement des conflits internationaux, ceux qui engagent les finances publiques, ceux qui modifient les dispositions législatives, ceux relatifs à l'état des personnes, ceux qui comportent échange et adjonction de territoire ne peuvent être ratifiés ou approuvés qu'en vertu d'une loi. Sans l'accord du peuple congolais consulté par voie de référendum, nulle cession, nulle adjonction de territoire n'est valable (article 214). L'exclusivité du chef de l'État est donc battue en brèche devant les traités ci-haut énumérés car le concours du peuple, souverain primaire, est requis.

La prépondérance des traités et accords internationaux régulièrement conclus sur les lois internes est affirmée sans équivoque, dès leur publication, sous réserve pour chaque traité ou accord, de son application par l'autre partie (art. 215). Cette disposition constitutionnelle est conforme à l'article 26 de la Convention de Vienne qui dispose : « tout traité en vigueur lie les parties et doit être exécuté par elles de bonne foi ». L'autorité supérieure des traités et accords internationaux ne fait aucun doute, « si la

Cour constitutionnelle consultée par le Président de la République, par le Premier ministre, le Président de l'Assemblée nationale ou le Président du Sénat, par un dixième des députés ou un dixième des sénateurs, déclare contraire à la constitution, la ratification ou l'approbation ne peut intervenir qu'après la révision de la constitution ». Le droit interne suit le droit international et non le contraire.

La R.D. du Congo peut abandonner d'une manière partielle sa souveraineté en vue de promouvoir l'unité africaine (art. 217).

QUESTIONNAIRE DU CHAPITRE IV.

LA CONCLUSION DES TRAITES EN DROIT INTERNE DES ETATS

1. Est-il possible, pensez-vous, qu'une entité fédérée au sein d'un État fédéral puisse régulièrement conclure un traité international ? Justifiez votre réponse.

2. Dans le cas où un État fédéré au sein d'un État fédéral peut conclure un traité international, laquelle de ces deux personnes morales sera tenue d'assurer les conséquences dommageables qui pourraient survenir au cours de l'exécution de celui-ci ? Appuyez votre réponse sur un principe de droit.

3. Pouvez-vous expliquer brièvement la compétence respective de l'État fédéral du Canada ainsi que des provinces canadiennes à conclure des traités internationaux ?

4. Quels avantages ou inconvénients, selon vous, un traité oral ou écrit comporte-t-il ?

5. Qu'entendez-vous par la doctrine *Stimpson* ?

6. En cas de succession d'États, l'État successeur est-il lié automatiquement par les traités conclus par son prédécesseur ? Étoffez votre réponse.

CHAPITRE V.

L'EXECUTION DES TRAITES INTERNATIONAUX

Section I. Généralités

La fonction de la règle contenue dans la maxime « *Pacta sunt servanda* » est celle retenue dans l'article 26 de la Convention de Vienne : « Tout traité en vigueur lie les parties et doit être exécuté par elles de bonne foi ». « L'un des principes ». Selon la Convention, cela signifie que les parties doivent s'abstenir de tout acte visant à réduire à néant l'objet et le but du traité. En tant que parties au traité, les États sont tenus d'observer (*servare*) les énoncés de l'accord dont ils ont convenu (*quod pactum est*). Aussi, le principe d'égalité des États entre en ligne de compte d'une manière surprenante de telle sorte qu'aucun État ne peut contraindre un autre à observer un accord dont il n'est pas signataire, en d'autres termes, dont il n'a pas obtenu le « statut de partie ». Le souci de préserver la volonté d'un État d'être lié par un traité est de rigueur et découle des effets relatifs des traités. Cette thèse a d'ailleurs été illustrée dans le passé par la Cour internationale de justice qui trancha dans l'Affaire *du Plateau continental de la mer du Nord* concernant la République fédérale d'Allemagne. Celle-ci n'ayant pas fait ratifier la Convention de Genève de 1958 sur le plateau continental n'était pas obligée de donner effet à ses dispositions.

L'exécution parfaite et entière des énoncés d'un traité au niveau interne exige le concours après ratification des pouvoirs exécutif et législatif qui doivent passer en revue la législation nationale pour permettre la mise en œuvre de l'accord. Cette observance des engagements conventionnels se fera sans embûches si la ratification s'est faite avec le respect du droit interne, c'est-à-dire par l'organe investi du pouvoir de lier l'État en question par l'accord. Tous les constitutionnalistes partagent cet avis. Par ailleurs, « un État ne peut invoquer les difficultés nationales de mise en œuvre pour justifier son défaut d'exécution du traité en vertu de l'article 27 de la Convention de Vienne et du droit international coutumier[160] »

Section II. L'application des traités

Pour examiner les effets internationaux et internes qui résultent de l'engagement de l'État, il faut avoir à l'esprit la notion de compétence à conclure un traité dont on a parlé dans les pages précédentes quand on a évoqué le duel entre constitutionnalistes et internationalistes, un duel non encore tranché. Les uns opposent « la volonté réelle » aux autres qui ne prennent en compte que « la volonté déclarée », en matière de conclusion des traités internationaux.

Il peut arriver qu'un État se dégage de ses obligations conventionnelles dans la mesure où la « volonté » d'être lié par le traité s'est concrétisée en violation manifeste du droit constitutionnel relatif à la compétence pour conclure un traité prévu à l'article 46 de la Convention de Vienne. L'article 26 est aussi explicite sur ce point : « tout traité en vigueur lie les parties et doit être exécuté par elles de bonne foi ».

Depuis 1867 au Canada, l'exécution des traités a été conférée au Parlement selon le désuet article 132 de l'*Acte de l'Amérique du Nord britannique*. Lors de son entrée dans le concert des États souverains, le Canada avait

---

160 A.L.C., De MESTRAL ; S. A., WILLIAMS, *op. cit.*, p. 283.

accepté de mettre en œuvre la majorité des traités négociés par le Royaume-Uni à l'époque où il étendait la portée juridique des traités à ses dominions dont il assurait le contrôle en matière des relations internationales. Le Canada a déjà confirmé la mise en œuvre des traités négociés en son nom par le Royaume-Uni dans l'Affaire *Re : Employment of Aliens*[161] et il en est de même dans l'Affaire *Re : Regulation and Control of Aeronautics*[162] en rapport avec le Traité de Paris sur l'aviation civile de 1919, relatif à l'aéronautique.

Dans l'*Affaire des conventions internationales du travail*[163], le Conseil privé, dans sa décision de 1937, avait contesté le pouvoir du Parlement d'exécuter les traités, pouvoir conféré en vertu de l'article 132 qui selon lui se référait uniquement aux traités négociés par l'Empire britannique. Cette décision a créé une confusion qui persiste encore de nos jours. « Récemment, certains juges de la Cour suprême du Canada ont indiqué une tendance à réexaminer la décision dans l'Affaire des Conventions internationales du travail » [164].

Pour les États qui ont opté pour le système fédéral, à défaut d'intention contraire de la part des parties contractantes, un traité ratifié par le Canada s'applique sur l'ensemble de son territoire respectif en vertu de l'article 29 de la Convention de Vienne. De la sorte, l'insertion dans la Convention de Vienne d'une clause dite « fédérale » permet à un État fédéral d'être lié par le traité, seulement en ce qui concerne les unités composantes qui adoptent une législation visant à mettre en œuvre le

161 (1992) 23 R.C.S. 293 aff. par (1924) A.C. 203 (P.C.).
162 (1932) A.C. 54 (P.C.), Voir CASTEL, *op. cit.*, p. 988.
163 (1937) A.C. 326 (P.C.).
164 Voir MacDonald c. Vapour Canada Ltd., (1977) 2 R.C.S., pp. 134-167.

traité[165]. Dans la pratique canadienne, le fédéral concerte les provinces dont les intérêts sont directement mis en jeu par le traité de sorte que son application soit assurée d'une manière pleine, entière et plus conforme au génie du droit international.

Le professeur Jean-Maurice ARBOUR, qui fut notre maître à l'Université Laval, explique très bien la clause fédérale : « Le gouvernement fédérale peut toujours adhérer à un traité international même si ce dernier renferme des dispositions dont la mise en œuvre relève de l'action législative des provinces. Il suffit alors que le traité contienne une clause fédérale destinée à répondre aux contraintes constitutionnelles de l'État fédératif. On peut définir la clause fédérale comme une clause dont l'effet est d'amputer des obligations internationales de l'État fédératif toutes les dispositions du traité qui tombent dans le champ des prérogatives provinciales. En ce qui concerne les articles dont l'application relève des assemblées législatives provinciales, le gouvernement fédéral assume tout au plus, au terme de cette clause, l'obligation de porter le traiter à la connaissance des gouvernements provinciaux en invitant ces derniers à donner suite au traité, si possible. En ce qui concerne les articles de la convention dont la mise en œuvre relève de l'action législative du Parlement fédéral, les obligations de l'État canadien demeurent identiques à celles souscrites par les autres États ».

---

165 Voir La chronique de la pratique canadienne en droit international, (1981) XIX A.C.D.I., pp. 335-336.

Section III. L'effet des traités pour les États tiers[166]

La règle générale concernant les États tiers, nous le savons, est rappelée à l'article 34 de la Convention de Vienne sur le droit de traité du 23 mai 1969 : « Un traité ne crée ni obligation ni droits pour un État tiers sans son consentement »[167].

Ce principe découle directement de la souveraineté des États et de l'autonomie de la volonté (Série AB, no.18, p. 29 et no 46, p. 141) mais il s'applique bien entendu à tous les sujets dotés de personnalité juridique internationale, donc également aux organisations internationales.

L'article 38 a) du Statut de la Cour dispose, comme nous l'avons vu, que la Cour applique les conventions internationales soit générales, soit spéciales, « établissant des règles expressément reconnues par les États en litige ». Cette disposition implique, d'après la signification habituelle des mots, qu'aucune convention à laquelle toutes les parties en litige ne sont pas parties ne doit être prise en considération par la Cour comme expression directe des devoirs et droits des parties.[168] Ainsi comprise, la disposition se conforme à l'axiome bien connu du droit

---

166 H., KELSEN, « Traités internationaux à la charge des États tiers », t. II, 1935, pp. 164-172 ;

167 J.-F., PREVOST, *Les effets des traités conclus entre États à l'égard des tiers*, Thèse, Paris II, 1973, 541 p. ; Ph. CAHIER, « Le problème des effets des traités à l'égard des Etats tiers », *R.C.A.D.I.*, vol. 143, 1974-III, pp. 589-735 ; P., REUTER, *Le développement de l'ordre juridique international*, Paris, Economica, Coll. droit international, 1995, p. 301.

168 Dans le chapitre précédent, nous avons vu que les dispositions conventionnelles identiques, auront par leur force cumulative un effet, dépassant les rapports réciproques des parties, en tant que manifestations d'une coutume internationale. Cet effet indirect, cependant, est essentiellement différent de l'effet direct de chaque disposition particulière, tel que le sujet est envisagé dans le paragraphe présent.

romain « *pacta tertiis nec nocent nec prosunt* », axiome qui est reconnu par les ordres juridiques internes et qui fait partie, d'après une opinion générale, du droit international.[169] Le fait que certains systèmes de droit nationaux attribuent en dérogation du principe général, des effets juridiques limités aux « stipulations pour autrui » a conduit bien des auteurs à prétendre que le principe subit des modifications correspondantes en droit international aussi. Cela sort des limites de notre étude d'examiner de près cette doctrine ; nous devons nous borner à rechercher dans quelle mesure la Cour a pris éventuellement en considération des dispositions conventionnelles pour déterminer les droits et devoirs d'une partie litigante qui n'était pas contractante.

A cet égard, il n'y a pas lieu de s'arrêter aux cas où un État, sans être parmi les parties originales d'un traité, y a adhéré ultérieurement en vertu d'une clause d'adhésion du traité. On a voulu voir dans la pratique qui admet souvent des États non signataires à adhérer à une convention collective en vertu d'une telle clause, un exemple d'effets produits par un traité pour les États tiers.[170] S'il est vrai que l'État tiers, aussi longtemps que la clause est maintenue en vigueur, a le droit d'adhérer au traité, c'est parce que la clause est à considérer comme une offre ; une fois cette offre acceptée, c'est en vertu de sa propre déclaration d'adhésion que l'État non signataire peut se prévaloir des droits et est soumis aux obligations qui

---

169 Voir par exemple R.F. ROXBURGH, *Op.cit.*, D.ANZILLOTI, *Op.cit.*, pp. 414 et suiv. H. H. KELSEN, Traité pp. 265 et suiv. Am. J. 1935, Spec. Suppl. (Draft Convention on the Law of treaties) pp. 918-937, et les auteurs y cités.

170 H. KELSEN, Contribution à la théorie du traité international, *op. cit.*, p p. 286 et suiv.

découlent de la convention.[171] Dans la jurisprudence de la Cour nous ne trouvons aucun indice d'une distinction en ce qui concerne les droits et devoirs résultant de la convention entre les contractants originaux et les États adhérents ; ceux-ci sont considérés comme des parties contractantes sur un pied d'égalité avec ceux-là. (Sér. A no. 23, p. 42)[172]

A plusieurs reprises la Cour a refusé d'appliquer une convention au profit ou à la charge d'un État qui n'en était pas partie contractante. Dans l'Affaire de la Commission internationale de l'Oder, elle a statué que la Convention de Barcelone du 20 avril 1921 n'était pas opposable à la Pologne, qui ne l'avait pas ratifiée (Sér. A, no. 23, p. 20). Dans l'Affaire de Jaworzina elle déclara un accord intervenu le 6 novembre 1921 entre la Pologne et la Tchécoslovaquie une « *res inter alios acta* » par rapport aux Principales Puissances alliés et associées ; il ne pouvait, par conséquent, modifier les situations juridiques créées à la suite d'une décision de la Conférence des Ambassadeurs (Sér. B, no. 8, p. 55). En outre, dans l'Affaire des Zones franches, la Cour déclara « qu'en tout

---

171 Nous ne pouvons pas nous rallier à l'opinion de H. KELSEN, qui rejette l'assimilation de la clause d'adhésion à une offre pour la raison que la clause ne peut être révoquée que par une nouvelle Convention. A notre avis, cette circonstance ne peut enlever à la clause son caractère d'offre, étant une simple conséquence du fait que la clause n'émane pas d'un seul État, mais de tous les signataires et est ainsi une offre collective.

172 L'ordonnance de la Cour, dans l'Affaire de la Commission de l'Oder, n'est pas une exception à cet égard ; elle statuait que le compte rendu de la conférence qui avait préparé le Traité de Versailles ne pouvait pas être pris en considération comme élément d'interprétation parce que trois des parties en cause n'avaient pas participé aux travaux de cette conférence, mais l'ordonnance place à cet égard toutes les parties du litige sur le même pied : les travaux préparatoires furent écartés aussi pour les États qui y avaient participés.

état de cause l'article 435 du Traité de Versailles n'est opposable à la Suisse, qui n'est pas partie à ce traité, que dans la mesure où elle l'a elle-même accepté (Sér. A/B, no. 46, p. 141 et Sér. A, no. 22, p. 17) » Dans son avis consultatif sur l'union douanière austro-allemande, la Cour a statué que l'Espagne, n'étant pas partie au Traité de paix de Saint-Germain du 10 septembre 1919, était dans l'impossibilité d'invoquer l'article 88 de ce Traité pour faire respecter l'engagement pris par l'Autriche de ne pas abandonner son indépendance ; elle pouvait se prévaloir seulement du Protocole du 4 octobre 1922 sur l'indépendance de l'Autriche, Protocole auquel elle avait adhéré en vertu d'une clause y insérée à cet effet (Sér. A/B, n°, pp. 48 et 49). Enfin, dans l'Affaire relative à la Haute-Silésie polonaise, la Cour a statué que la Pologne ne pouvait se prévaloir de la Convention d'Armistice du 11 novembre 1918, ni du Protocole du 16 juillet 1920 de Spa, n'étant pas partie contractante à ces accords. « Un traité, déclarait la Cour, ne fait droit qu'entre les États qui y sont Parties ; dans le doute, des droits n'en découlent pas en faveur d'autres États (Sér. A, n° 7, p. 27–28) »

Vu la disposition du Statut et l'opinion traditionnelle, cette pratique de la Cour n'est pas pour étonner ; ce qui est de nature à retenir notre attention, c'est au contraire la réserve que la Cour semble avoir faite par la dernière des affirmations citées ci-dessus. En déclarant que ce n'est que dans le doute qu'un traité limite ses effets juridiques aux parties contractantes, la Cour admet la possibilité d'une stipulation pour autrui dans le domaine international. Insistant sur ce point, Lord FINLAY, dans son opinion individuelle jointe à l'arrêt relatif à la Haute-Silésie polonaise, affirmait que, lors de la conclusion de l'armistice, les Alliés avaient l'intention de lier la Pologne par les conditions de celui-ci, et ainsi de l'y admettre comme bénéficiaire aussitôt qu'elle aurait commencé son existence d'État indépendant. Comme il arrive très fréquemment, dans le domaine des affaires, que des contrats soient conclus, par le moyen de trusts ou de toute autre manière, en faveur de sociétés non encore enregistrées, ainsi Lord FINLAY estimait que la Pologne pouvait invoquer en sa faveur la convention d'armistice (Sér. A, n° 7, p. 84).

Sans adopter entièrement cette manière de voir, la Cour a cependant, dans son arrêt définitif sur les Zones franches fait un pas de plus vers la reconnaissance d'une « *stipulatio in favorem tertii* ». Tout en admettant, comme nous l'avons vu, que la Suisse n'était engagée par les dispositions du Traité de Versailles relatives aux Zones que dans la mesure où elle les avait acceptées, la Cour était disposée à reconnaître la Suisse comme bénéficiaire de la réglementation conventionnelle relative au Pays du Gex, adoptée en 1815 par les Puissances. Bien que la Cour trouvât que la Suisse avait participé à cette réglementation conventionnelle et devait ainsi être considérée comme partie contractante, ce qu'elle avait nié dans sa première ordonnance dans l'Affaire, elle faisait aussi quelques observations en se plaçant au point de vue adverse, et déclara notamment :

« On ne saurait facilement présumer que les stipulations avantageuses à un État tiers aient été adoptées dans le but de créer en sa faveur un véritable droit. Rien cependant n'empêche que la volonté d'États souverains puisse avoir cet objet et cet effet. L'existence d'un droit acquis en vertu d'un acte passé par d'autres États est donc une question d'espèce : il s'agit de constater si les États qui ont stipulé en faveur d'un autre État ont entendu créer pour lui un véritable droit que ce dernier a accepté comme tel (Sér. A/B, n° 46, pp. 147–148) ».

Et la Cour trouvait établi que l'intention qu'avaient les Puissances en 1815 était de créer en faveur de la Suisse un droit, dont celle-ci pouvait se prévaloir.

Les dérogations au principe général que la Cour a ainsi admises s'appliquent exclusivement aux traités au profit des États tiers ; en ce qui concerne en revanche les traités à la charge de tiers, elle s'est gardée de les reconnaître, ce qui s'explique aisément par leur incompatibilité avec le principe traditionnel de la souveraineté et la doctrine de l'autonomie de la volonté.[173] Il importe de noter cependant, qu'elle a néanmoins fait une application restreinte dans une de ses décisions, d'une convention à la charge d'une partie qui n'en était pas contractante, et cela justement dans le cas qu'on a relevé dans la doctrine pour prouver l'existence dans le domaine international des conventions à la charge de tiers, à savoir la ville libre de Dantzig par rapport au Traité de Versailles.[174] C'était en vertu de ce Traité que furent établis la Ville libre et son statut juridique, mais la ville n'adhéra jamais au Traité ; ses rapports avec la Pologne furent réglés par un traité bilatéral entre les parties, la Convention de Paris du 9 novembre 1920, qui mit en exécution certaines des stipulations contenues dans le Traité de Versailles. Dans son avis consultatif sur le traitement des nationaux polonais à Dantzig, la Cour était amenée à se prononcer sur les effets qui découlent, pour la ville de Dantzig, du Traité de Versailles. Voici ce qu'elle dit :

« Au point de vue des relations entre Dantzig et la Pologne, c'est la Convention de Paris qui est l'instrument liant directement la ville libre ; mais en cas d'incertitude sur le sens de ses dispositions, on peut recourir au traité de

173 GUGGENHEIM, *L'Organisation*, p. 110.
174 Voir H. KELSEN, Traité, p. 274.

Versailles, non pour écarter les termes de la Convention, mais afin d'en élucider le sens (Sér. A/B, n° 44, p. 32) ».

Bien que ce soit à un rôle supplétif que le Traité de Versailles est ainsi réduit, le cas nous semble néanmoins démontrer que la Cour s'est refusée ici de tirer les conséquences rigoureuses du principe en vertu duquel une convention ne peut être invoquée à la charge d'un État tiers.

Dans la pratique internationale, on voit parfois certaines conventions d'une importance politique primordiale étendre leurs effets aussi aux États qui ne sont pas du nombre des parties contractantes. Depuis le Congrès de Vienne, on a parlé, dans le langage diplomatique, du droit public européen, qui comprenait surtout les grandes conventions par lesquelles la carte politique de l'Europe fut établie, et qui dotèrent certains territoires d'un régime juridique particulier, tel qu'une neutralisation, ou qui proclamèrent la liberté de passage par les voies importantes de communication. Considérant que le but de tels arrangements est de servir les intérêts généraux de la communauté des États, on a prétendu qu'ils produisent leurs effets juridiques en faveur et à la charge de tout État, quoiqu'ils soient conclus seulement par ceux qui y sont le plus directement intéressés. Une application significative de cette doctrine a été faite en 1920 lorsque la Société des Nations s'occupait de la question des îles d'Åland ; le comité de juristes, chargé de donner un avis consultatif sur les aspects juridiques du différend constata dans son rapport que la Suède n'était pas partie à la convention de 1856 qui prévoyait la démilitarisation des îles et ne pouvait non plus se prévaloir de la convention en tant que tierce Puissance en faveur de laquelle certains droits avaient été créés. Néanmoins à cause de la nature objective de l'arrangement, le comité était d'avis que la

Suède pouvait exiger que les dispositions de la convention fussent respectées, pour autant qu'elles n'aient pas été abrogées par les parties contractantes[175]. Dans la doctrine, d'autre part, l'opinion prédominante est que les effets que produisent incontestablement de telles conventions par rapport aux États tiers sont dus à des facteurs politiques plutôt que juridiques.[176]

La Cour, elle non plus, ne semble pas avoir adopté cette conception d'un « droit public européen ». Il est vrai que la Cour, dans son avis sur l'Affaire de Jaworzina, a affirmé le caractère obligatoire, pour la Pologne et la Tchécoslovaquie, d'une décision de la Conférence des Ambassadeurs en relevant en outre « l'autorité dont une décision des Principales Puissances alliées et associées était revêtue en l'espèce » ; décisif était cependant le fait que les parties intéressées avaient expressément accepté la décision, lui donnant ainsi la force d'un engagement contractuel (Sér. B n° 8, p. 30). Lorsque la Cour s'est occupée, à d'autres occasions, des conventions qui prévoient la liberté de la navigation sur les fleuves et les canaux internationaux, le problème ne s'est pas posé, puisque les parties en litige étaient toutes contractantes des conventions en question.[177] Elle a envisagé les conventions comme l'expression d'une coutume internationale, mais elle n'a pas eu l'occasion de répondre à la question de savoir si un État non contractant pouvait se prévaloir d'une de ces conventions, par exemple, si un État, resté neutre pendant la première guerre mondiale pouvait invoquer vis-à-vis de l'Allemagne les dispositions

---

175 Soc. Des Nat. Journal Off., Suppl. spéc., 1920, n°3, pp 17–19.

176 T. GHIL, Legislation p ; 53–54 Am. J. 1935, Special supplement pp. 922–924 et les auteurs y cites ; voir aussi TOBIN, *The Termination of Multipartite Treaties*, New York, 1933, p. 218 et suiv.

177 Les affaires de Wimbledon, de la Commission internationale de l'Oder, et de la Commission Européenne du Danube.

du Traité de Versailles qui déclaraient le Canal de Kiel ouvert à la navigation des navires de toutes les nations en paix avec l'Allemagne.

Quoi qu'il en soit, ce qui précède nous permet de constater que la Cour s'est réservé une certaine liberté à l'égard du principe qui veut qu'un traité engage et autorise seulement les parties contractantes.

Savoir si un traité peut produire des effets à l'égard des États non parties demeure une question beaucoup discutée par la doctrine. D'une manière logique, gardons présent à l'esprit le principe selon lequel le traité est établi sur la base du consentement des parties et seulement selon leur volonté, volonté commune de créer les droits et obligations uniquement entre les parties contractantes. La volonté des parties domine tout l'empire des accords internationaux. Ainsi, la preuve du consentement d'un État tiers est nécessaire, car elle décharge celui-ci des obligations conventionnelles.

En général, les traités ne lient que les parties contractantes ; ils ne créent ni droits ni obligations pour les États tiers à moins que ceux-ci n'y consentent (art. 34)[178]. Les effets relatifs des traités découlent, à dire vrai, de la souveraineté des États et de l'autonomie de la volonté qui soutiennent qu'aucun État ne saurait se lier que par un acte émanant de sa propre volonté[179].

---

178 Voir la résolution adoptée par l'Institut de droit international à la session de Grenada, Annuaire de l'Institut de droit international, 1956, T. 46, pp. 358-359.

179 P.-M. DUPUY, *op. cit.*, pp. 209 et 213 ; voir aussi l'arrêt de principe rendu par la CPJI dans l'Affaire de l'usine de Chorzow du 25 mai 1926, Série A/B, n° 18, p. 29.

La survie même d'un traité, avons-nous dit, réside dans la « volonté réelle » exprimée par un État. L'exigence du consentement dans le cas d'un traité prévoyant des obligations pour des États tiers doit être exprimée expressément par écrit (art. 35). De la sorte, ces obligations nées du consentement des États tiers ne peuvent être modifiées ou révoquées qu'avec le consentement de ceux-ci à moins qu'il n'en ait été convenu différemment (art. 37(1)).

Contrairement à ce qui précède, dans l'Affaire *des zones franches de la Haute-Savoie et du Pays de Gex* (Série A/B, n° 46, p. 96), nous nous retrouvons devant un traité prévoyant des droits pour des États tiers; dans ce cas, le consentement de ceux-ci peut être implicite, à moins que les parties aient décidé autrement dans le traité, leur silence présume de leur consentement (art. 36(1)). Les États tiers sont ainsi partis au traité et doivent exercer leurs droits conformément aux conditions prévues (art. 36(2)), droits qui ne peuvent être révoqués ou modifiés sans leur consentement, s'il est établi qu'il était requis à cette fin (art. 37(2)).

Les exceptions s'imposent à la règle précédente dans la mesure où une disposition conventionnelle devient une norme de droit international coutumier obligatoire pour tous les États. On cite souvent dans ce cas la Convention des Nations Unies sur le droit de la mer : elle codifie en majeure partie, on le sait, le droit international coutumier existant[180].

---

180 (Décembre 1982) A/CONF/62/122. Cette Convention n'est pas encore entrée en vigueur, puisqu'elle n'est pas ratifiée par un nombre suffisant de pays. Néanmoins, les principes qui y sont exprimés sont déjà régulièrement utilisés par divers pays.

§1. La clause de la nation la plus favorisée

Le 26 mars 1951, le gouvernement britannique introduit une requête devant la Cour de La Haye contre le gouvernement impérial d'Iran. Il prend ainsi fait et cause pour la société pétrolière d'origine britannique *Anglo-Iranian Oil Company*, dont l'exploitation vient de tomber sous le coup des mesures de nationalisation prises (loi iranienne du 1er mai 1951) par le nouveau gouvernement iranien.

Le gouvernement impérial perse avait conclu un contrat de concession, le 29 avril 1933, avec la société pétrolière *Anglo-Iranian Oil Company*. La Grande-Bretagne estime que cette convention fait foi et ne peut être modifiée ou annulée par l'Iran de façon unilatérale. Elle demande donc à la Cour de déclarer qu'est né en l'espèce un différend qu'il appartient à l'arbitrage international de connaître.

Après les mesures conservatoires[181] au profit de la Grande-Bretagne (ordonnance du 5 juillet 1951), il restait à poser la question souvent épineuse de la compétence de la Cour. C'est sur ce point que l'Iran a emporté la décision des juges.

L'argumentation britannique amène la Cour à examiner le moyen tiré des conventions perses qui auraient pu bénéficier aux sujets britanniques, en l'occurrence à l'*Anglo-Iranian Oil Company*.

La Cour souligne que les traités antérieurs ont été exclus par la déclaration de juridiction obligatoire faite par

---

[181] Le but des mesures conservatoires est de sauvegarder les « droits en litige dans une procédure juridique » (Voir C.I.J., *Affaire du personnel diplomatique et consulaire des Etats-Unis à Téhéran*, 15 décembre 1979 ; *Différend frontalier entre le Burkina-Faso et le Mali*, 22 décembre 1986).

l'Iran. Le Royaume-Uni ne peut par conséquent pas les invoquer. Ces traités sont ceux de 1934 avec le Danemark et la Suisse, et de 1937 avec la Turquie, par lesquels l'Iran s'est engagé à traiter les ressortissants de ces puissances conformément aux principes et à la pratique du droit commun international. Dans l'Affaire *Anglo-Iranian Oil Company*, le Royaume-Uni prétend qu'il n'a pas été traité selon ces principes et cette pratique ; et, pour se prévaloir des traités ci-dessus quoique conclu avec des tiers, il se fonde sur la clause de la nation la plus favorisée contenue dans deux actes qu'il a conclu avec l'Iran : le traité de 1857 et la convention commerciale de 1903 mais, précisément, les deux derniers traités, qui seuls établissent le lien juridique avec les traités de1934 et de 1937, sont antérieurs à la déclaration : le Royaume-Uni n'est pas fondé à s'appuyer sur son propre traité avec l'Iran de 1857 ou de 1903, il ne peut invoquer le traité entre l'Iran et le Danemark (de 1934), et cela indépendamment du point de savoir si les faits de l'espèce ont directement ou indirectement trait à ce dernier traité (*Rec.*1952, p. 110).

Souvent, on situe la clause de la nation la plus favorisée dans le contexte général du droit des traités. En 1978, la Commission du droit international avait adopté le texte final de projet d'articles en rapport avec elle[182]. On la rencontre fréquemment dans les traités de commerce (traités-contrats) et par elle, les parties au traité (bilatéral ou multilatéral) initial se promettent d'accorder des avantages commerciaux particuliers à un autre État tiers

[182] Voir le texte de ce projet dans l'Annuaire de la Commission du droit international, 1978, Vol. 11, 2ème partie, pp. 18-83 ; BONNET, *La clause de la nation la plus favorisée*, Grenoble, 1900 ; HEROD, *Favoured Nation Treatment*, New York, 1901 ; VISSER, « La clause de la nation la plus favorisée dans les traités de commerce », (1902) *Revue de droit international et de législations comparées*, p. 66 ; CAVARRETTA, *La clausola delle nazione più favorite*, Palermo, 1906.

dans le futur. Cette clause, à dire vrai, constitue une exception à l'effet relatif des traités.

Prenons à titre d'exemple, les relations commerciales entre les pays A, B et C, pour illustrer cette clause de la nation la plus favorisée qui consiste à étendre automatiquement les avantages commerciaux des premiers contractants A, B, C et le bénéfice du futur traité qui sera conclu entre A et E sur la même matière[183]. Aussi, dans le cadre du GATT, la réciprocité entre pays développés et en développement n'est pas totale tandis que le Système des préférences généralisées (SPG) adopté en 1970 par le CNUCED a permis d'accorder à ces derniers des avantages commerciaux spécifiques.

La doctrine et la pratique nous donnent les conclusions suivantes en matière d'effet des traités à l'égard des États tiers : un traité ne peut jamais créer d'obligations envers les États tiers ; cependant, il peut créer un régime avantageux et des droits. Selon la dernière hypothèse du traitement de la nation la plus favorisée, l'État tiers n'acquiert aucun droit d'exiger l'exécution d'un traité qui lui est favorable, car les parties demeurent toujours libres de modifier les dispositions qui créent les droits et les avantages à un tiers.

---

[183] Voir les arrêts de la CPJI dans l'Affaire de l'*Anglo-Iranian Oil Company*, Rec. 1952, p. 93 et dans l'*Affaire concernant les droits des ressortissants américains au Maroc*, Rec. 1952, p. 176 ; P., PESCATORE, « La clause de la nation la plus favorisé dans les conventions multilatérales », (1969) 1, *Annuaire de l'Institut de Droit International*, p. 1 ; Voir aussi Rapports du rapporteur spécial à la Commission du Droit International, Annuaire de la CDI de 1975 à 1978, Vol. II, première partie.

§2. L'amendement des traités

Le traité est une loi, et aucune loi n'est immuable. La notion d'un acte intangible demeure un non-sens pour les juristes. Il appartient à tout État contractant, en tout temps, par voie de notification adressée au Secrétaire général des Nations Unies, de demander la révision d'un traité. « Un amendement est un traité dont les dispositions s'incorporent à un traité existant, pour se substituer à celles qui font l'objet de la révision ou pour s'ajouter à elles[184] »

Pour éviter de surprendre la volonté d'un État d'être lié par le traité, l'accord des parties est requis pour qu'il soit amendé, à moins d'une indication contraire. Une fois que l'amendement est accepté par les parties, les règles de la Convention de Vienne relatives à la conclusion et à l'entrée en vigueur des traités s'appliquent conformément à l'article 39.

L'amendement d'un traité bilatéral s'opère selon une procédure moins formelle telle que l'échange de notes et l'exigence du consentement de deux parties doit être respectée. En revanche, les traités multilatéraux sont généralement amendés sous l'empire des Nations Unies par un protocole entre les parties, selon les règles particulières contenues dans la Convention de Vienne. Les parties, d'un commun accord, peuvent déroger à ces règles et en décider autrement (art. 40(1)).

L'amendement peut se faire, d'une part, sur toutes les parties et, d'autre part, sur certaines des parties seulement.

Les règles régissant la conclusion des traités (articles 6 à 25) sont également applicables pour leur amendement

---

[184] J., COMBACAU, *op. cit.*, p. 100.

(article 39). En vertu du principe du libre consentement, les États parties sont également libres de créer les normes qu'ils veulent voir respectées dans le cas d'un amendement. Ils peuvent conclure cet accord soit de manière implicite ou explicite, autant oralement que par écrit (seule la forme écrite engendre l'applicabilité de la Convention de Vienne). Il est possible que cet accord permette, interdise ou limite l'amendement du traité originel, mais les accords portant sur l'amendement d'un traité donné peuvent, à leur tour, être amendés.

A. L'amendement implicite

Un amendement implicite intervient lorsque les États parties à un traité donné concluent des accords successifs portant sur la même matière. Sauf accord contraire, le traité antérieur ne s'applique alors que dans la mesure où ses dispositions sont compatibles avec celles du traité postérieur (selon l'adage latin « *lex posterior derogat legi priori* » suivant lequel en présence de deux traités portant sur la même matière, c'est le traité postérieur qui prévaut, article 30, § 3).

En vue des dispositions sur les accords ayant pour objet de modifier explicitement des traités multilatéraux dans les relations entre certaines parties seulement (article 41), l'amendement implicite apparaît comme problématique puisqu'il ne garantit pas le même degré de transparence dans le processus de négociation : en effet, en vertu de l'article 41, § 2 la ou les parties souhaitant la modification doivent notifier leur intention aux autres Etats parties. Cette disposition vise à ce que les négociations soient menées de bonne foi, en pleine connaissance de cause.

B. L'amendement explicite

Dans le cas des traités bilatéraux, la règle de l'article 39 selon laquelle un traité peut être amendé par accord entre les parties semble suffisante. Pour ce qui est des traités multilatéraux, deux cas de figure peuvent se présenter :

- soit un ou plusieurs États proposent un amendement qui devra entrer en vigueur à l'égard de toutes les parties á un traité donné ;
- soit ils ne veulent modifier ce traité que dans les relations entre certaines parties seulement.

Dans les deux cas, en vertu du principe de bonne foi, les parties en question doivent notifier leur intention ainsi que le changement qu'ils souhaitent apporter au traité initial (article 40, §2 et 41, §2).

En vertu du principe que les conventions ne lient pas les États qui n'en sont pas parties (article 34, réitéré par l'article 30, § 4.b « *pacta tertiis nec nocent nec prosunt* »), un accord portant amendement ou modification ne saurait lier les États qui, tout en étant parties au traité originel, n'expriment pas leur consentement à l'amendement ou à la modification (article 40, § 4).

Par respect des principes de libre consentement, de bonne foi, un accord ayant pour objet de modifier des traités multilatéraux dans les relations entre certaines parties seulement ne doit porter atteinte ni aux droits et obligations des États parties au traité originel, ni à l'objet et au but de celui-ci (article 41, § 1.b.ii vague notion qui se retrouve aux articles 18, 19 et 31, § 20, § 2 et 58, § 1.b.ii).

On notera que la Convention de Vienne distingue entre les amendements qui concernent tous les États parties à un traité donné et les modifications qui ne concernent qu'un cercle restreint de parties.

QUESTIONNAIRE DU CHAPITRE V.

L'EXECUTION DES TRAITES INTERNATIONAUX

1. Que veut-on souligner lorsqu'on dit qu'un traité international doit être exécuté de bonne foi par toutes les parties ?

2. Que signifie l'effet relatif du traité international ?

3. Qu'entendez-vous par la clause de la nation la plus favorisée ? En quoi, pensez-vous, constitue-t-elle une exception au principe de l'effet relatif des traités internationaux ?

4. En droit international des traités, existe-t-il, comme il en c'est le cas en droit interne, une nuance entre les concepts juridiques ci-après :

    a. Amendement ;
    b. Modification ;
    c. Révision.

5. Un amendement d'un traité international peut-il ou non lier les États parties à celui-ci, alors même qu'ils n'y ont pas tous donné leur consentement ?

    Expliquez votre réponse.

6. Pouvez-vous expliquer brièvement ce qu'on entend par amendement implicite et amendement explicite ?

7. Démontrez, en vous appuyant sur un principe général de droit, le cas d'un amendement implicite d'un traité international. Illustrez votre réponse par un exemple pertinent.

CHAPITRE VI.

INTERPRETATION DES TRAITES INTERNATIONAUX[185]

Introduction

Interpréter, c'est définir ou déterminer le sens et la portée des règles de droit en vigueur. Il ne s'agit pas d'un exercice abstrait, d'ordre intellectuel, qui dégagerait un sens en soit de la règle. Il s'agit d'une activité positive, comportant un objet particulier et tournée vers un but pratique[186] .

Les chapitres qui vont suivre nous mènerons, à vrai dire, au bout de nos recherches sur les différentes catégories de forces motivantes par lesquelles le juge international se laisse influer dans l'exercice de ses fonctions. Si nous croyons, néanmoins, devoir y ajouter un bref examen de la manière dont la Cour a procédé à l'interprétation des textes conventionnels, c'est que cet élément de l'œuvre judiciaire reflète abondamment l'ensemble des forces motivantes qui se font valoir dans le jugement des différends internationaux. Un examen de l'interprétation est susceptible, en d'autres termes, de compléter et peut-être même de nuancer le tableau qu'on se fait du jeu des différentes sources du droit international en ne regardant que le cas de leur invocation immédiate par le juge. Étant donné, en outre, qu'une partie considérable de l'œuvre accomplie par la Cour a impliqué l'interprétation de textes conventionnels, une étude de celle-ci est indispensable, non seulement pour apprécier à

---

[185] Voy. S. SUR, *L'interprétation en droit international*, Paris, LGDJ, 1974, pp. 291-294.

[186] J. COMBACAU, S. SUR, *Droit international public*, 10ème éd., Paris, Montchretien, 2012, p. 170.

sa juste valeur le rôle joué par le droit conventionnel dans la jurisprudence de la Cour.

La Convention de Vienne interdit aux parties contractantes d'émettre des réserves qui videraient de sens l'objet et le but d'un traité. Il en est de même en ce qui concerne l'interprétation des termes d'un traité par un État partie. Celui-ci doit interpréter les traités suivant le sens ordinaire à attribuer aux termes employés dans leur contexte et à la lumière de leur objet et de leur but (article 31). Aussi, toute interprétation qui tendrait à réduire à néant l'objet et le but d'un traité sera déclarée nulle.

En principe, un traité, quelle que soit sa forme, n'a pas d'effet rétroactif, à moins que les parties en décident autrement ou que cette intention ressorte clairement de son texte[187]. Cependant, l'article 32 de la Convention de Vienne et la coutume internationale laissent une latitude dans l'emploi de moyens complémentaires d'interprétation tout en respectant le but et l'objet de l'accord[188].

La multiplicité des traités, surtout multilatéraux, et leur rédaction dans plusieurs langues peuvent provoquer des difficultés d'interprétation non négligeables et parfois incontournables, car « l'interprétation des documents est dans une certaine mesure un art et non une science exacte », selon le rapporteur du projet d'articles sur le droit des traités de 1966[189]. En République Démocratique du Congo, elle relève des tribunaux et non de l'exécutif.

---

[187] Art. 28 et 29. Voir aussi l'*Affaire Ambatielos* (Grèce c. R.U.), compétence, (1952) C.I.J. Rec. 28, 40.

[188] Les moyens complémentaires, comme les travaux préparatoires et les circonstances dans lesquelles le traité a été conclu (art. 32).

[189] Nations Unies, Doc. A/6309/Rev. 1, p. 52.

Dans le cas de l'application de traités successifs, les parties partant d'une entente commune peuvent conclure un nouveau traité qui abrogerait les précédents. Dans la mesure où le nouveau traité amende l'ancien, on parle d'un protocole. Cependant, l'ancien reste en vigueur entre les États qui ne sont pas parties au nouveau traité et leur relation juridique est régie par le premier. Si un État est partie à un seul d'entre eux, l'autre lui est inopposable en tant qu'il est tiers. Le problème d'incompatibilité des traités peut aussi être soulevé.

On dit que les traités antérieurs sont incompatibles avec le nouveau lorsqu'il est impossible pour un État qu'il lie de donner effet à l'un sans manquer aux obligations qui résultent de l'autre.

Nombre de juristes s'entendent pour dire que dans la mesure où la question d'incompatibilité est soulevée entre les parties par rapport aux traités antérieurs en vigueur et un nouveau traité, la solution du litige est celle que l'on évoque en droit civil en cas de multiplicité de testaments, le dernier prévaut. L'article 30 de la Convention de Vienne dispose qu'un traité qui a été authentifié dans plusieurs langues fait foi dans chacune d'elles à moins que les parties n'en conviennent différemment dans le traité ou autrement (art. 33(1)). En cas de difficulté d'interprétation, la version qui sera la plus proche possible de l'objet et du but du traité l'emportera. Toute l'économie juridique d'un traité est basée sur l'entente entre les parties et toute interprétation doit être en tout temps et en tout lieu conforme à l'objet et au but du traité.

Section I. Quelques observations de principe sur l'interprétation.

Étant donné que l'interprétation est l'action de déterminer le sens pratique d'une norme abstraite, elle n'entre en ligne de compte qu'en ce qui concerne le droit conventionnel, cette conception prise dans le sens large que nous lui avons donné. C'est seulement par rapport aux normes formulées d'une manière authentique que se pose le problème de déterminer le sens des mots qui constituent l'expression plus ou moins parfaite d'une certaine idée. Les autres sources du droit international ne se servent pas de la même manière d'une expression verbale ; elles agissent en tant qu'expérience de certains évènements ou phénomènes historiques, expérience, il est vrai, qui a été souvent résumée par le théoricien ou le praticien en phrases de caractère normatif, sans pourtant y trouver une expression autorisée ; si un doute s'élève sur sa portée exacte, c'est aux faits historiques eux-mêmes qu'il faut remonter pour compléter ou préciser les mots dans lesquels a été transcrite l'expérience. La formule choisie, pour exprimer par exemple le contenu d'une coutume, est un moyen auxiliaire, auquel il ne revient aucune importance indépendante. Les dispositions conventionnelles, et les engagements y assimilés, en revanche, sont les expressions formelles d'idées sur une conduite future. Dès son origine, le droit conventionnel est de caractère abstrait par rapport aux faits subséquents ; la méthode empirique ne suffit donc pas pour déterminer si, en cas de doute, un événement de fait est compris par une norme conventionnelle. Il est vrai qu'on s'efforce souvent de pénétrer par une recherche empirique par-delà les mots jusqu'aux idées même dont ils prétendent être l'expression,[190] mais on arrive par-là à déplacer le problème ; les idées, si on en possède les preuves nécessaires, se révèlent souvent aussi abstraites que leur expression verbale, et on n'échappe ainsi pas à la difficulté d'établir leurs relations aux faits concrets. C'est d'autant plus le cas si, victime de l'influence magique qu'exercent sur l'esprit humain ; depuis le stade primitif des relations sociales, les paroles arrêtées dans une forme solennelle, on se refuse d'avance de rechercher par la voie empirique les idées que les auteurs d'une disposition conventionnelle y ont voulu exprimer. En tout état de cause, la règle conventionnelle aura besoin presque sans exception d'être concrétisée pour que la liaison entre elle et les faits puisse s'établir. Toute application d'une norme implique normalement une telle concrétion, et c'est le rôle de l'interprétation d'indiquer, en cas de doute, le chemin qu'il faut suivre pour effectuer cette opération.

Toutefois, on prétend que l'interprétation ne comporte pas nécessairement une telle concrétion, qu'il est possible de donner une interprétation abstraite d'une norme en déterminant sa signification sans la rapprocher des faits concrets.[191] Cette opinion trouve un certain appui dans les observations de la Cour dans son arrêt sur le fond de l'Affaire relative à la Haute-Silésie polonaise. L'Allemagne avait demandé à la Cour de statuer que l'application d'une loi polonaise du 14 juillet 1920 constituerait une liquidation aux termes de la Convention de Genève du 15 mai 1922 et serait par conséquent soumise aux dispositions de cette convention. La Pologne

---

[190] Telle est notamment la méthode d'interprétation préconisée par C.C. HYDE, *International Law*, II, pp. 61–64, et dans A.J., 1909, pp. 46 et suiv. *ibid.* 1933 p. 506 : « The real significance of words as symbols of common design depends upon what the evidence reveals ».

[191] Voir par exemple, A.J., 1935, Suppl. Draft convention ou treaties, p. 938.

avait objecté que la décision d'une telle question en raison de son caractère abstrait ne rentrait pas dans les fonctions de la Cour. Celle-ci considérait cette objection comme non fondée. Les nombreuses stipulations, dit-elle, qui prévoient la juridiction obligatoire de la Cour pour les questions d'interprétation et d'application d'un traité, semble viser aussi « des interprétations indépendantes d'applications concrètes ». On ne voit pas pourquoi les États ne pourraient pas demander à la Cour de donner une interprétation abstraite d'une convention ; il semble plutôt que c'est une des fonctions les plus importantes qu'elle peut remplir (Sér. A, n° 7, pp. 18–19). Regardée de près, une telle interprétation « abstraite » comporte, cependant, aussi une certaine concrétion ; aucun fait actuellement accompli, il est vrai, n'est soumis à la norme abstraite, mais des faits virtuels, imaginaires sont qualifiés d'après la norme. Si la norme prévoit que la liquidation des biens-fonds appartenant aux sujets allemands en Pologne ne doivent être entreprises que dans certaines conditions, l'interprétation qui aboutit au résultat que les mesures d'expropriation prévues par une loi polonaise mais pas encore réalisées équivalent à une liquidation, a tout de même donné à la norme un sens plus concret et plus précis qu'elle ne possédait auparavant ; la concrétion n'a pas été menée à bout, mais l'interprétation a considérablement rapproché la règle de la sphère des faits. Il n'y a donc qu'une différence de degré entre interprétation par rapport à un fait accompli et l'interprétation prétendue abstraite[192].

Cette manière de concevoir la nature de l'interprétation comporte en outre que nous ne pouvons reconnaître aucune différence essentielle entre elle et la

---

[192] C'est sans doute à l'interprétation « abstraite » que pense ROSS lorsqu'il affirme (Rechtsquellen p. 336) que l'interprétation signifie en réalité une concrétion juridique, anticipée et supposée.

« construction » des règles juridiques. Une notion claire de ce que sont les traits caractéristiques de celle-ci, est donnée par ANZILOTTI, qui affirme que l'ordre juridique est constitué non seulement de règles positives, mais aussi de leurs présuppositions logiques et de leurs conséquences logiques nécessaires ; il y a des normes préexistantes, sans lesquelles le traités et les coutumes n'auraient pas de sens, ou des normes qui y sont logiquement comprises ; aux normes de ce genre on pourrait donner le nom de règles constructives.[193] L'essence de cette construction est donc de rechercher en dehors du texte et des faits qui ont accompagné son établissement les moyens de déterminer son sens pratique, mais il n'en reste pas moins vrai que c'est une opération de concrétion qui tend à rapprocher la norme abstraite des faits concrets. Ce qui lui est particulier ce sont seulement les bases sur lesquelles la concrétion est effectuée et qui sont d'un ordre plus général que les éléments d'une interprétation dans le sens strict. La différence est donc une différence de degré plutôt qu'une différence de nature et une distinction sur cette base ne nous paraît guère justifiée.[194]

On prétend souvent qu'il y a des conventions et d'autres engagements dont les termes sont assez clairs pour pouvoir se passer de toute interprétation, c'est-à-dire qu'ils possèdent un sens littéral auquel on peut se tenir.[195]

---

193 D. ANZILOTTI, *op. cit.*, p. 68.

194 Cf. A.J. 1935 Suppl. Draft convention on treaties, p. 939 : « it may be remarked also that the attempted distinction between « construction » and « interpretation » is based on a difference of degree rather than kind ».

195 L'expression classique de cette opinion a été donnée par De VATTEL : « La première maxime générale sur l'interprétation est qu'il n'est pas permis d'interpréter ce qui n'a pas besoin d'interprétation. Quand un acte est conçu en termes clairs et précis, quand le sens en est manifeste et ne conduit à rien d'absurde, on n'a

A ce propos, il convient de rappeler les judicieuses observations des Juges ANZILOTTI et HUBER dans l'*Affaire du Wimbledon*, que les mots n'ont de valeur que pour autant qu'ils soient l'expression d'une idée (Sér. A, n° 1, p. 36), ainsi que la remarque analogue du Juge ANZILOTTI dans l'Affaire des Eaux de la Meuse : « il est toujours dangereux de s'attacher au sens littéral des mots avant d'avoir déterminé l'objet et le but du traité, car c'est seulement dans ce traité et par rapport à ce traité que les mots, qui n'ont de valeur qu'en tant qu'expression de la volonté des Parties, assument leur véritable signification » (Sér. A/B, n° 70, p. 46) et (Sér. A/B, n° 50, p. 383). Toute application d'un traité implique, en effet, la nécessité de constater l'idée qui y est exprimée et de la mettre en rapport avec les faits, et l'on pourrait ainsi soutenir que toute application présuppose une interprétation ; LAUTERPACHT semble exprimer la même opinion, en disant que la déclaration qu'une expression est claire est et devrait être le résultat d'une interprétation et non son point de départ.[196] Tout en admettant cette manière de voir, on peut affirmer, cependant, que d'un point de vue pratique les mots, les idées qu'ils expriment, et les faits auxquels se rapportent celles-ci sont souvent, par la force de la tradition et de la fréquence de l'opération logique, en de si étroites relations les uns avec les autres qu'aucun doute ne

aucune raison de se refuser au sens que cet Acte présente naturellement. » (*Le droit des Gens*, liv. II, § 263.)

196 H. LAUTERPACHT, Travaux Préparatoires p. 790 et Development p. 38 ; Voir également : C.C. HYDE dans A.J. 1933, p. 503 : « linguistic clearness is not necessarily identical with cleaness of design on the part of the contracting parties, and as the function of the words if a treaty is to mirror that design, and as symbols thereof to uide the interpreter to a correct understanding of the instrument that registers accord, their value for such purpose, or, to express it more simply, the clearness of their guidance, must depend upon and even await explanations that may come from many places »

se présente à l'esprit de celui qui est chargé d'appliquer les mots. D'un point de vue psychologique, on peut ainsi soutenir que l'interprétation est rendue superflue, pour autant qu'on soit parvenu à lier directement le point de départ du raisonnement à sa conclusion en écartant les degrés intermédiaires.[197] Il faut observer, cependant, que si de telles situations appartiennent à la vie de tous les jours de ceux qui exécutent les normes du droit international, elles sont en revanche, de par leur nature, peu susceptibles de se présenter à un tribunal international. Car le fait même que la signification d'une disposition conventionnelle fait l'objet d'un litige implique que les parties se désaccordent là-dessus, c'est-à-dire que leurs raisonnements respectifs suivent des voient différentes, soit sciemment, soit inconsciemment. Pour trancher la question, il faut que le juge vérifie tous les degrés du raisonnement par lequel la liaison est établie entre l'expression verbale et les faits, et cette tâche n'est rien d'autre que d'interpréter la disposition. Dans ce sens, il est juste de dire que l'affirmation de la part d'un juge qu'une disposition conventionnelle est claire constitue l'aboutissement d'une interprétation.

Ayant ainsi esquissé rapidement la manière dont nous concevons l'acte d'interprétation, nous pouvons passer à l'examen de cette activité telle qu'elle a été accomplie par la Cour.

---

[197] C'est l'idée que BENTZON a déjà exprimé dans son ouvrage Retskilderne (en danois) pp. 313–314 : « Il est trompeur de qualifier la soumission d'un cas à une notion verbale de déduction de cette notion. Déduire exige un jugement logique, mais celui-ci présuppose à son tour deux notions idéales ou verbales, d'où est dérivée une troisième. L'opération envisagée, cependant, implique une conclusion directe de la notion verbale au cas d'espèce. » cf. également ROSS, *Virkelighed*, pp. 132–133.

Section II. La recherche des intentions des parties

Partant de la supposition que les mots d'une disposition conventionnelle n'ont de valeur qu'en tant qu'expressions des intentions que les parties entendaient réaliser par la convention, toute interprétation devrait poursuivre le seul but de constater ces intentions. A ce propos, se pose immédiatement la question des moyens d'entreprendre une telle recherche. La Cour, qui a indiqué à maintes reprises comme l'objet de ses recherches la volonté des parties, a donné à cette question une réponse de principe dans son avis consultatif sur l'Affaire de Mossoul. Elle se prononça, ainsi :

« La tâche en présence de laquelle la Cour se trouve est celle de l'interprétation du texte d'un traité. C'est donc dans ce texte même que la Cour doit en premier lieu rechercher quelle a été la volonté des parties contractantes, quitte à examiner plus tard si et le cas échéant, dans quelle mesure- des éléments autres que le texte du Traité devraient entrer en ligne de compte dans ce but » (Sér. B, no. 12, pp. 18–19).

Cette déclaration soulève le problème très important de savoir s'il est possible, comme la Cour le prétend, d'arriver en cas de doute, par une analyse du texte à une conclusion exacte quant à l'idée que les parties y ont voulu exprimer. Du moment que la valeur des mots comme symboles de la pensée est contestée, il nous semble douteux qu'on puisse réussir par une analyse de ces mots à trancher avec une exactitude scientifique la divergence d'opinion. On peut déterminer la valeur traditionnelle des mots, leur sens raisonnable dans le cas individuel, mais il est impossible de vérifier si c'est avec cette valeur et dans ce sens que les parties s'en sont servies dans l'espèce. En d'autres termes, il nous semble que les possibilités d'une telle analyse se bornent à établir certaines présomptions quant aux intentions que les parties ont voulu réaliser ; c'est une image idéale, non une image réaliste qu'on peut se faire à la suite d'une telle analyse.[198] Les seuls moyens de constater avec la certitude requise les intentions des parties sont à notre avis les témoignages autres que le texte, notamment l'ensemble de la documentation connue traditionnellement sous la désignation de « travaux préparatoires ». Ces moyens seuls permettent de franchir les limites des présomptions et des généralisations pour parvenir à une détermination empirique de ce qu'ont été, dans chaque cas particulier, les intentions des parties contractantes.

Cette manière de voir ne saurait, bien entendu, dissimuler le fait que la Cour a prétendu à maintes occasions pouvoir trouver la volonté des parties par d'autres moyens. Considérant le caractère fictif qui revient, à notre avis, à de telles affirmations, nous examinerons ces moyens d'interprétation sous un autre jour. Ici nous nous bornerons à examiner dans quelle mesure la Cour a entrepris des recherches pour constater par la voie empirique les intentions des parties.

A ce sujet, il faut observer préalablement que, eu égard à l'impossibilité de parler de la volonté étatique ou des intentions d'un État comme une réalité d'ordre psychologique, les intentions qu'il s'agit de rechercher sont celles des individus agissant au nom de l'État lors de la conclusion d'un traité. La procédure souvent très compliquée suivie pour la conclusion des conventions

---

198 Voir par exemple L. EHRLICH, *op. cit.*, pp. 95 et 117, qui parle de la « présomption en faveur de l'acception du texte comme témoin de la volonté des parties », et souligne qu'il ne s'agit là que d'une présomption qui doit céder à une preuve contraire.

internationales, surtout les grandes conventions multilatérales, comporte l'intervention successive d'un grand nombre de personnes experts qui rédigent un premier projet, membres d'un organe international, tel que jadis le Conseil de la Société des Nations, auquel était soumis ce projet, participants à la conférence convoquée en vue de la signature de la convention, laquelle conférence se constitue peut-être en diverses commissions et sous-commissions, membres des assemblées législatives auxquelles la convention signée est soumise en vue de ratification, etc.et la question se pose de savoir s'il y a lieu de tenir compte des intentions exprimées toutes par cette quantité de personnes. D'une manière générale, la Cour dans la mesure où elle a fait appel aux travaux préparations semble avoir tenu compte des manifestations d'opinions faites à tous les stades préparatoires jusqu'à la signature de la convention, mais non des opinions émises entre la signature et la ratification,[199] ce qui est assez naturel, puisque les déclarations faites après que le stade de négociations a été dépassé, revêtent un caractère essentiellement unilatéral[200]. C'est donc l'opinion des auteurs du texte qui est décisive, et non celle des personnes qui, après la rédaction finale, ont participé à un titre quelconque à la procédure tendant à rendre ce texte obligatoire pour les parties. D'un autre côté, la signature met un terme aux possibilités des auteurs de faire valoir leur opinion, sauf pour confirmer l'opinion manifestée avant cette date. Dans son avis consultatif sur l'*Affaire de Jaworzina*, la Cour statua que « il est clair qu'on ne saurait accorder une valeur décisive à l'opinion des auteurs d'un texte lorsque cette opinion, postérieure à la rédaction du

---

[199] *Idem*, pp. 64 – 65.

[200] Cf. H. LAUTERPACHT, Travaux Préparatoires, *op. cit.*, p. 779, note 1.

texte en question est en contradiction avec celle qu'ils avaient émise à ce moment » (Sér. B, no. 8, p. 38).

En ce qui concerne la force probante des travaux préparatoires, la Cour a fait preuve, d'ailleurs, d'un certain formalisme. C'est ainsi qu'elle a refusé d'avance de tenir compte des travaux préparatoires qui ne lui étaient pas officiellement communiqués malgré les possibilités éventuelles de les prouver autrement ; dans l'avis consultatif relatif à la Commission européenne du Danube elle s'exprime en ces termes :

« On a fait également appel, au nom de la Roumanie, à l'histoire des articles pertinents du traité de Paix de Versailles. Le compte rendu des travaux qui ont précédé l'adoption de ces articles étant confidentiel et n'ayant pas été communiqué à la Cour par l'autorité compétente ou avec son consentement, la Cour n'est pas appelée à examiner dans quelle mesure il lui aurait été possible de prendre ces travaux préparatoires en considération » (Sér. B, no. 14, p. 42).

D'une manière pareille, la Cour a refusé de prendre en considération les travaux préparatoires d'une convention multilatérale si une des parties en litige n'est pas parmi les signataires de la convention, mais y a adhéré postérieurement. Dans l'Affaire de la Commission internationale de l'Oder, la Cour a, par une ordonnance spéciale, écarté des débats toute invocation des travaux préparatoires relatifs au Traité de Versailles, « considérant que trois des parties en cause. N'ont pas participé aux travaux de la conférence qui a préparé le Traité de Versailles ; que, dès lors, le compte rendu de ces travaux ne peut servir à déterminer, à leur égard, la portée du traité ; et considérant que, dans une affaire déterminée, il ne saurait être tenu compte d'éléments de preuve qui ne sont pas admissibles au regard de certaines des parties en cause » (Sér. A, no. 23, p. 42). Dans ses commentaires sur cette décision LAUTERPACHT exprime l'avis que la situation eût été différente si les États qui n'avaient pas participé aux travaux préparatoires étaient restés à l'écart du litige[201]. La pratique de la Cour ne semble pas fournir d'indications concluantes à ce sujet. A certaines occasions, les parties en litige ont avancé des arguments tendant à écarter les travaux préparatoires pour la seule raison que d'autres États avaient adhéré à la convention en question sans avoir participé à son élaboration, mais la Cour n'a pas pris position sur ces arguments[202].

Rappelons enfin que la Cour ne s'est pas associée à la doctrine préconisée par certains auteurs[203] d'après laquelle les travaux préparatoires n'entreraient en ligne de compte que pour l'interprétation d'un certain groupe de conventions dites traités-lois. C'est ainsi, par exemple, qu'elle a eu recours aux travaux préparatoires pour déterminer les intentions des parties du « traité-contrat » qu'était le compromis par lequel la France et la Grèce lui avaient soumis leur différend relatif aux Concessions des Phares (Sér. A/B, no. 62, p. 13).

En examinant de près l'attitude de la Cour à l'égard des travaux préparatoires comme élément d'interprétation, nous ne pouvons faire mieux que de nous rapporter à l'étude pénétrante que LAUTERPACHT a faite du problème. Il en ressort à l'évidence que la pratique de la Cour a subi une certaine évolution ; il parle même de quatre phases distinctes ce qui nous paraît, pourtant, un

201 H. LAUTERPACHT, Travaux préparatoires, *op. cit.*, pp. 806–807.
202 Voir L. EHRLICH, *op. cit.*, pp. 128-129.
203 Comme Q. WRIGHT, *op. cit.*, p. 101.

peu trop schématique.[204] Le problème fût soulevé, la première fois, dans les débats précédant l'avis consultatif no. 2, relatif à la compétence de l'Organisation Internationale du Travail en matières agricoles ; on avait invoqué les travaux préparatoires relatifs à la Partie XIII du Traité de Versailles, et le représentant de la France d'autre part avait contesté leur importance pour l'interprétation de ces dispositions. La décision contient le passage suivant :

« La Cour estime qu'il n'est pas nécessaire pour elle de discuter ces arguments : elle est, en effet, déjà en interprétant le texte même du traité, arrivée à la conclusion que le travail agricole se trouve compris dans la compétence de l'O.I.T. ; et il n'y a certainement rien dans les travaux préparatoires qui puisse l'amener à modifier cette conclusion » (Sér. B, no. 2, p. 40).

La Cour donne ainsi la préférence à l'interprétation du « texte même » sur les travaux préparatoires ; la dernière phrase du passage cité montre, cependant, qu'elle doit avoir examiné les travaux préparatoires pour se convaincre qu'ils ne contenaient rien qui allait à l'encontre de sa première conclusion. A d'autres occasions la Cour adopta une attitude encore plus négative pour autant qu'elle ne fasse aucune allusion, dans sa décision, au problème, bien qu'il eût été soulevé au cours des débats précédents.[205]

Dans son avis consultatif sur l'*Affaire de Mossoul*, en revanche, la Cour écarte expressément une interprétation basée sur les travaux préparatoires relatifs à l'art. 3 du Traité de Lausanne, interprétation qui serait incompatible avec celle qui s'imposait « tant au point de vue

---

[204] H. LAUTERPACHT, Travaux préparatoires, *op. cit.*, p. 767.

[205] Tel était le cas dans les affaires du *Wimbledon*, (Sér. A no. 1) et des *Décrets de Nationalité en Tunisie et au Maroc* (Sér. B no. 4).

grammatical et logique qu'au point de vue du rôle assigné à cet article par le Traité de Paix »[206] (Sér. B, n° 12, p. 23).

A première vue, cette réserve à l'égard des travaux préparatoires fut maintenue dans les décisions subséquentes de la Cour. Dans l'Affaire du *Lotus* elle déclare ainsi « qu'il n'y a pas lieu de tenir compte des travaux préparatoires si le texte d'une convention est suffisamment clair » (Sér. A, n° 10, p. 16). Néanmoins, l'arrêt contient une analyse assez détaillée des travaux préparatoires du traité en question, analyse qui permet à la Cour de constater qu'ils ne contiennent rien qui soit de nature à invalider l'interprétation indiquée par les termes mêmes du traité. Le même procédé fut adopté dans l'avis consultatif relatif à la Commission Européenne du Danube : La Cour examine les travaux préparatoires pour y trouver une confirmation du résultat auquel elle était déjà arrivée sur base des textes conventionnels en question et de leur sens naturel (Sér. B, n° 14, p. 28–31). Dans la suite, l'attitude générale de la Cour se modifie encore légèrement : l'examen des travaux préparatoires vient occuper une place plus importante dans ses décisions, puisqu'elle y recourt d'office et inclut dans l'exposé des faits qui introduit ses décisions un aperçu, souvent assez détaillé, des travaux préparatoires[207]. Cependant, elle tient à souligner qu'elle n'a en rien changé ses points de vue de principe. Elle affirme à plusieurs reprises que « les travaux

---

206 Il faut observer, toutefois, que le passage cité n'occupe qu'une place subsidiaire dans l'augmentation de la Cour. En premier lieu elle avait nié qu'il fût possible de tenir compte comme élément d'interprétation d'une déclaration faite par le délégué britannique à la conférence de Lausanne, vu que l'idée y exprimée fut rejetée par le représentant turc et dépassé, en outre, par les négociations subséquentes. (*ibid.*, pp. 22–23).

207 Par exemple Sér. A/B, n° 43, pp. 132 et suiv. n° 44, pp. 13–17, n° 46, pp. 125–135, n° 70, pp. 12–13.

préparatoires ne sauraient être invoqués pour interpréter un texte qui est, en lui-même, suffisamment clair » (Sér. A/B, n° 47, pp. 1249 et 1250, p. 378), et d'un autre côté elle déclare dans l'avis relatif aux *Navires de Guerre polonais à Dantzig* qu'elle « n'est pas disposée à admettre que l'on puisse élargir le texte du Traité de Versailles et y voir des stipulations représentées comme étant le résultat des intentions proclamées par les auteurs du traité mais que ne formule aucune disposition du texte lui-même » (Sér. A/B, n° 43, p. 144).

C'est environ à cette même époque, en revanche, que nous voyons se multiplier les cas où la Cour trouve que les circonstances prêtent à attribuer une importance indépendante aux travaux préparatoires comme éléments d'interprétation. Le premier cas de ce genre, il est vrai, s'est présenté déjà dans l'Affaire *Mavrommatis*, mais conformément à son attitude générale à cette époque, la Cour n'en a pas fait grand état ; sans attirer l'attention sur son invocation des travaux préparatoires du traité de Lausanne pour déterminer ce que signifiait « le commencement d'application » des concessions en Palestine, elle constata simplement, après un bref examen des travaux de la conférence de Lausanne, que « les négociateurs en substituant aux mots commencement d'exécution' employés par le projet primitif, l'expression' commencement d'application' dans le texte qui a prévalu sont entrés dans un ordre d'idées différent » (Sér. A., n° 5, p. 47). Plus tard, la Cour n'a pas hésité à proclamer son invocation des travaux préparatoires. Dans son avis consultatif relatif aux *traitements des nationaux à Dantzig* elle déclare ainsi que, le texte de l'art. 33 de la convention de Paris du 9 novembre 1920 « n'étant pas absolument clair, il peut être utile, pour en trouver le sens exact, de rappeler ici, avec quelque détail, les divers projets qui ont précédé l'adoption du texte actuellement en vigueur » ; sur cette base elle arrive à la conclusion qu'il serait« contraire aux intentions exprimées par la Conférence des Ambassadeurs » d'interpréter la stipulation conformément à la thèse du Gouvernement Polonais (Sér. A/B, n° 44, pp. 33 et 37). En outre, dans l'avis relatif au travail de Nuit des femmes, nous trouvons à ce sujet le passage suivant :

« Au cours des débats auxquels ont donné lieu, en 1930 et 1931, à Genève, la proposition de réviser la Convention de Washington sur le travail de nuit des femmes, plusieurs délégués, experts en la matière, ont exprimé catégoriquement l'opinion que la convention ne s'appliquait qu'aux ouvrières. Ces opinions ont tellement frappé la Cour que celle-ci a été amenée à examiner les travaux préparatoires de la convention afin de rechercher s'ils confirmaient ou non les opinions exprimées à Genève » (Sér. A/B, n° 50, p. 378).

Bien que la Cour se hâte d'ajouter qu'elle n'entend nullement déroger à sa pratique antérieure quant au rôle subsidiaire des travaux préparatoires, la déclaration citée témoigne, néanmoins, que la Cour n'hésite pas à y recourir.[208] Cette impression est confirmée par la dernière déclaration que la Cour ait faite sur le sujet, dans son arrêt sur l'Affaire des Phares. La Cour était appelée à décider si un contrat intervenu en 1913 entre le Gouvernement turc et une compagnie française relatif à la prolongation de certaines concessions pour le service de phares dans la mer Égée était « dûment intervenu ». D'après la thèse

[208] Voir aussi le commentaire de H. LAUTERPACHT sur la déclaration citée : « C'était là la préface de l'examen par la Cour, d'une partie soulevée. Dans les phases antérieures de son activité, la Cour examina les travaux préparatoires en vue d'écarter des doutes soulevés par les parties. Ici, c'est elle-même qui pose la question. » (Travaux préparatoires, p. 72)

française, cette expression se référait seulement à la conformité avec le droit ottoman, tandis que la Grèce soutenait que le terme visait les effets du contrat pour la Grèce d'après le droit international. La Cour observa à ce propos ce qui suit :

« La Cour ne peut pas considérer l'expression « dument intervenu » comme un terme technique dont la portée est toujours invariable. Si le contexte n'est pas suffisant pour établir le sens exact dans lequel les Parties en cause ont employé ces mots dans le compromis, la Cour, selon sa jurisprudence, doit avoir recours aux travaux préparatoires de cet acte pour se renseigner sur la véritable intention des Parties (Sér. A/B n° 62, p. 13) ».

La référence, dans ces observations, à « sa jurisprudence » ne laisse subsister aucun doute quant à la disposition de la Cour à se servir des travaux préparatoires comme moyen d'interprétation. Il faut cependant reconnaître la valeur relative de cette conclusion ; il ressort nettement de toutes les décisions citées, que ce n'est qu'à titre subsidiaire que la Cour s'est montrée prête à recourir à ce moyen d'interprétation, soit pour confirmer une conclusion déjà atteinte sur la base du texte même, soit pour trouver les intentions des parties si le texte n'est pas suffisamment clair. Quoi qu'on puisse dire sur le caractère relatif de cette notion de la clarté d'un texte, il n'en reste pas moins vrai que d'autres moyens d'interprétation ont été préférés dans une large mesure aux travaux préparatoires. On a beau faire des conjectures sur le rôle de ceux-ci dans le procès inconscient par lequel le juge arrive parfois à la conviction qu'une disposition donnée est claire ;[209] c'est un fait incontestable que la Cour n'a pas recouru en premier lieu à ce moyen

[209] Cf. A.J. 1935 Supplément, pp. 964–965.

d'interprétation qui, par sa nature, paraîtrait plus indiqué que n'importe quel autre moyen pour révéler les intentions véritables des parties contractantes.

Section III. Les prétendus règles d'interprétation

C'est donc en analysant tout d'abord le texte même d'une disposition conventionnelle que la Cour croit pouvoir dégager l'intention y exprimée. Si elle rejette à l'arrière-plan les témoignages objectifs et extrinsèques de cette intention, cela ne signifie nullement qu'elle conçoit l'interprétation comme un acte arbitraire. Rien n'est plus incompatible avec l'idée du droit que la notion de l'arbitraire, et c'est donc un des traits communs les plus frappants des ordres juridiques relevant de la civilisation occidentale que le juge considère l'acte d'interprétation comme soumis à certains règles et principes. Qui plus est, ces règles et principes sont dans une large mesure identique dans les divers ordres juridiques. Originaires du droit romain[210], ils sont devenus partie de la tradition juridique, voire de la méthode juridique, de sorte qu'un juge quelconque estime leur devoir obéissance, dans le domaine international aussi bien que dans les ordres juridiques internes. La pratique de la Cour reflète nettement l'influence de ces principes, et la Cour a souvent reconnu expressément qu'ils gouvernent son activité.

Quelques exemples le mettront en évidence. Dans l'Affaire des Emprunts serbes, la Cour déclare ainsi : « Conformément aux principes élémentaires d'interprétation, les expressions spéciales l'emportent sur les expressions générales (Sér. A, n°20/21, p. 30) ».

---

[210] Cf. Notamment PHILLIMORE, *Commentaries upon International Law*, II (3rd éd.) pp. 96 – 105.

L'arrêt sur les Emprunts brésiliens contient cette affirmation : « c'est une règle bien connue d'interprétation des actes que, là où l'on constate une ambiguïté, il faut les prendre *contra proferentem* (Sér. A/B, n°62, p. 114). » L'avis consultatif sur le service postal polonais de Dantzig proclame « un principe fondamental d'interprétation que les mots doivent être interprétés selon le sens qu'ils auraient normalement dans leur contexte, à moins que l'interprétation ainsi donnée ne conduise à des résultats déraisonnables ou absurdes (Sér. B, n°11, p. 39) ». L'avis relatif à la compétence des tribunaux de Dantzig déclare qu'on doit rechercher l'intention des parties en prenant en considération la manière dont l'accord été appliqué, et ajoute : « ce principe d'interprétation doit être appliqué par la Cour en la présente espèce (Sér. B, n°15, p. 18) ». Parmi les principes invoqués par les juges dissidents dans leurs opinions individuelles, on pourrait choisir cet exemple, dû au juge ANZILOTTI : « c'est une règle fondamentale de l'interprétation des textes juridiques que l'on ne doit pas facilement admettre qu'ils contiennent des mots inutiles (Sér. A/B, n°62, p. 31) ». Les exemples précités auxquels on pourrait en ajouter bien d'autres démontrent la grande variété, sinon l'incompatibilité de ces principes. En effet, on comprend que l'interprétation d'une disposition conventionnelle donne des résultats différents suivant le principe dont s'inspire le juge, et la pratique de la Cour ne fournit aucune indication sur les considérations qui déterminent le choix entre les divers principes qui pourraient entrer en ligne de compte pour l'interprétation d'un texte. La régularité de l'interprétation, sa conformité à des principes généraux, devient ainsi plus apparente que réelle. L'invocation de règles et principes d'interprétation déguise en réalité la faculté du juge d'apprécier librement les considérations d'après lesquelles il entend établir les effets concrets d'une norme conventionnelle. C'est ainsi que BORCHARD a eu les meilleures raisons de déclarer que « *no judge will find himself seriously limited by previously announced rules of interpretation in arriving at a decision which he considers essentially sound and just, so that the rule of interpretation wich he adopts may often prove to be a mere rationalisation for justifying the decisions arrived at* »[211]. Dans le même ordre d'idées, nous trouvons qu'une personnalité, aussi familière avec l'œuvre de la Cour Permanente qu'était Åke HAMMARSKJÖLD, pouvait professer l'opinion que la Cour « *has laid down no hard-and-fast method, no sort of ordo gratiae to be applied in each case at the risk of going astray and working at random. What it has done is merely to take the rules of interpretation as it has found them–in most cases these rules are nothing but applied common sense–and to use them according to what it has deemed to be the exigencies of international law in general, and of the circumstances of each case in particular* »[212].

La reconnaissance de la vraie nature des prétendues règles d'interprétation ne diminue, cependant, en rien l'intérêt que présentera, de notre point de vue, un examen des différentes considérations dont la Cour s'est inspirée en interprétant les textes juridiques internationaux, que ce soit sous l'invocation formelle d'une telle règle ou non. Dans les paragraphes suivants nous passerons donc en revue les principaux moyens dont la Cour s'est servie pour déterminer le sens pratique d'un texte.

---

211 E.M. BORCHARD, *op. cit.*, p. 347.

212 A. HAMMARSKJÖLD, *Op.cit.*, p. 351.

Section IV. L'interprétation grammaticale et le sens habituel des mots

Nous avons dit que c'est au moyen de diverses présomptions que le juge essaie de constater quelle est l'idée que les parties ont voulu exprimer par la forme verbale adoptée. Une des premières de ces présomptions est, fort naturellement, celle que les mots ont été employés dans le sens qui leur est habituellement attribué, soit dans la langue de tous les jours, soit dans le langage particulier à certains domaines de la vie. La constatation de ce sens habituel présuppose bien entendu chez le juge une expérience qu'il peut posséder personnellement, ou qu'il peut puiser aux sources qu'il a à sa disposition à cet égard. C'est ainsi que la consultation des dictionnaires jouissant d'une autorité reconnue peut entrer en ligne de compte dans l'exercice de ses fonctions. Pour déterminer le sens de mot « industrie », la Cour a, par exemple, invoqué, dans son avis consultatif relatif à la compétence de l'O.I.T. en matière agricole, les définitions du mot données par le dictionnaire français de Littré et par le « *Oxford Dictionary* (Sér. B, n°2, pp. 32–34) ». Plus souvent, cependant, les juges ont puisé dans leurs propres expériences et connaissances, ou ont omis, en tout cas, d'indiquer dans leur décision sur quoi ils appuyaient leurs affirmations quant au sens des mots. Dans l'Affaire de la Haute-Silésie polonaise, on avait allégué que la conjonction « et » entre deux adjectifs dans une disposition conventionnelle devrait être considérée comme comportant un sens cumulatif. La Cour déclare à ce propos qu'elle « ne saurait attribuer cette portée au mot « et » qui, dans le langage ordinaire comme dans le langage juridique, peut selon les circonstances être aussi bien alternatif que cumulatif (Sér. A, no. 6, p. 14) ». Une affirmation d'ordre analogue, faisant même appel à l'étymologie, se trouve inscrite dans l'avis consultatif relatif à l'Échange des Populations grecques et turques. Il y était question de savoir quels étaient le sens et la portée qu'il fallait attribuer au mot « établies » dans la Convention de Lausanne du 30 janvier 1923 relative à cet échange. La Cour répondit ainsi à cette question :

« La convention ayant été rédigée en français, il est naturel de tenir compte du sens que revêt, dans cette langue, le terme litigieux. A cet égard, il paraît constant que l'établissement, tant d'après l'étymologie de ce mot, substantif du verbe « établir », que dans les habitudes courantes du langage, comporte deux éléments essentiels, à savoir : la résidence et la stabilité (Sér. B, no. 10, p. 18) ».

Dans son arrêt sur l'Affaire du *Lotus* la Cour fait également appel à « l'usage général » des mots « principes du droit international » pour déterminer leur signification (Sér. A, n°10, p. 16), et dans son avis consultatif au sujet du Service postal polonais de Dantzig, elle déclare que « le service postal que la Pologne est fondée à établir dans le port de Dantzig doit être entendu dans son sens ordinaire, c'est-à-dire comme comportant les attributions normales d'un service postal en ce qui concerne la levée et la distribution d'envois postaux en dehors du bâtiment postal (Sér. B, n°11, p. 37) ». Dans l'Affaire de la communauté gréco-bulgare d'autre part, ce n'est pas l'acception générale du mot « communauté » qui est décisive, mais la signification particulière que cette notion a acquise dans les pays en question, grâce à la tradition, « qui a une force si particulière dans les pays d'Orient (Sér. B, no. 17, p. 21) ».

Ce sens « naturel » des mots peut être confirmé par le contexte dans lequel ils sont employés (Sér. A, n°10, pp.

16–17), mais il se peut aussi, d'un autre côté, que le contexte démontre que c'est dans un autre sens que les mots doivent être entendus. Ainsi, la Cour dit dans son avis consultatif no. 2, après avoir constaté le sens habituel du mot « industrie » : « Mais c'est le contexte qui est le critère définitif, et, dans le cas qui a été soumis à la Cour, celle-ci doit prendre en considération la place de ces mots dans la Partie XIII du Traité de Versailles et l'acception qu'ils y reçoivent (Sér. B, n°2, p. 34 et Sér. A, n°7, p. 21) ». Nous sommes ainsi conduits à des considérations d'un ordre différent, des considérations non des mots pris isolément, mais comme appartenant à une suite d'expressions verbales et à un ensemble d'idées.

Section V. L'interprétation logique d'un texte

Cette méthode d'interprétation se base sur une autre présomption, à savoir la présomption que le texte d'un traité forme un tout cohérent, que les idées y exprimées se complètent mutuellement, sont coordonnées et convergent vers le même but[213]. Par l'application des lois de la logique il serait donc possible de déterminer le sens pratique d'une expression en la considérant comme élément d'un enchaînement d'idées, en la rangeant dans l'ensemble du traité et en déduisant ainsi ses effets pratiques de la place qu'elle y occupe (Sér. A/B n°64, p. 31)[214].

---

213 Par exemple L. EHRLICH, *op. cit.*, p. 112.

214 C'est dans cet ordre d'idées qu'il peut y avoir lieu de tenir compte du préambule d'un traité, bien que les termes n'en soient en général pas de caractère normatif, voir par exemple Sér. A no. 10, p. 17 p. 14 Cf. P. YOU, *Le préambule des traités internationaux*, Fribourg, 1941, pp. 17 et suiv. L. EHRLICH, p. 103. Dans une opinion dissidente des trois juges Sir Cecil HURST, Comte ROSTWOROWSKI et M. NEGULESCO dans l'Affaire des Ecoles minoritaires en Albanie le

Parmi les nombreuses applications de cette méthode par la Cour, nous trouvons un bel exemple dans son arrêt sur le fond de l'Affaire relative à la Haute-Silésie. La Convention de Genève accordait à la Pologne la faculté d'exproprier des biens-fonds de plus de 100 ha. Le Gouvernement avait soutenu que cette stipulation comprenait aussi les biens inférieurs à 100 ha dont les propriétaires possédaient plusieurs lots de terre atteignant au total le chiffre de 100 ha. La Cour ne partagea pas cette opinion, en observant :

« Les dispositions de la Convention de Genève relatives à la propriété rurale semblent viser les fonds comme tels, plutôt que l'ensemble des propriétés appartenant à la même personne. Il convient de remarquer, d'ailleurs, que l'appropriabilité de la propriété rurale constitue, d'après la Convention de Genève, une exception ; en cas de doute sur la portée de cette exception, c'est donc l'interprétation stricte qui doit être admise (Sér. A, no. 7, p. 76) ».

Un autre exemple se trouve dans l'avis consultatif relatif aux Écoles minoritaires en Albanie ; il s'agissait d'interpréter la Déclaration faite par l'Albanie, le 2 octobre 1921, au conseil de la Société des Nations à l'égard du traitement des minorités étrangères habitant son territoire. L'article 4, de cette Déclaration prévoyait l'égalité devant la loi de tous les sujets albanais, et l'article 5 accordait aux minorités les mêmes garanties en droit et en fait que celles dont jouissait le reste de la population. Pour l'interprétation de cette dernière stipulation, la Cour eut recours aux observations suivantes :

---

préambule d'un accord international est qualifié de « source où l'on pourrait trouver un guide virtuel pour interpréter le traité ».

« Comme on ne peut facilement admettre que l'article 5 ait voulu répéter avec des mots différents ce qui avait été déjà dit à l'article 4, on est porté à considérer que la notion du même traitement et des mêmes garanties en droit et en fait prévue à l'article 5 n'est pas la même chose que l'égalité devant la loi prévue à l'article 4 (Sér. A/B, n°64, p. 18) ».

Encore un exemple intéressant d'une telle méthode d'interprétation se trouve dans l'avis consultatif sur l'interprétation du Statut du Territoire de Memel. La question contestée était de savoir, si la Lituanie, détentrice formelle de la souveraineté sur le Territoire pouvait destituer le président du Directoire, organe de l'administration autonome, en cas de violation du Statut. La disposition du Statut, d'après laquelle le président resterait en fonctions aussi longtemps qu'il jouissait de la confiance de la Chambre représentative ne saurait être invoquée en faveur d'une réponse négative à cette question. La Cour fondait cette opinion sur les considérations suivantes :

« Cette disposition ne doit pas, à l'avis de la Cour, être isolée du reste de l'article dans lequel elle figure. L'objet de cet article est d'assurer l'exercice du pouvoir exécutif sur le territoire de Memel. Le droit de rester en fonction, que cette disposition reconnaît au président de l'organe chargé du pouvoir exécutif, lui est ainsi reconnu pour lui permettre d'accomplir ces actes. Donner à ces mots le sens que le droit ainsi conféré au Président du Directoire est absolu et subsiste dans tous les cas, aussi longtemps que la Chambre lui accorde son appui, aurait pour résultat que le président pourrait enfreindre le Statut et défier les autorités du Gouvernement lithuanien, aussi longtemps qu'il serait suivi par la Chambre. Pareille interprétation détruirait l'économie générale de la Convention de Paris de 1924 et du Statut qui en est l'annexe, selon lesquels le Territoire de Memel doit jouir de l'autonomie dans les limites spécifiées, mais est placé sous la souveraineté de la Lituanie. Il serait complètement illogique de penser que la Chambre puisse par un vote de confiance, accorder l'immunité à un président dont les actes iraient au-delà de ces limites ».

Et plus loin, la Cour déclare que dans les cas où le Gouverneur lithuanien a le droit d'opposer un veto contre un acte législatif, il aura également besoin d'une protection contre des actes inconstitutionnels de la part du pouvoir exécutif (Sér. A/B, n°49, pp. 317–318). Sous la forme d'un raisonnement logique, embrassant la Convention et le Statut dans leur ensemble, la Cour donne ainsi une interprétation d'une disposition particulière. Il est vrai qu'il ne s'agit peut-être pas exclusivement de la logique formelle ; des considérations d'utilité et d'équité ont de la peine à se dissimuler dans les passages cités, et l'exemple sert donc également à démontrer combien les différentes méthodes d'interprétation sont enchevêtrées.

Il va sans dire que la Cour se sert également, lorsque l'occasion s'en présente, des figures logiques et des modes de raisonnement habituels à la méthode juridique, tel que les raisonnements à *fortiori*, à *contrario* et par analogie. Ici encore, cependant, on rencontre ce phénomène que la décision judiciaire se base sur des considérations ou des modes de raisonnements relevant entièrement de l'appréciation du juge. Un bon exemple de ce phénomène se trouve dans l'arrêt sur l'Affaire du Wimbledon. Pour l'interprétation de l'article 380 du traité de Versailles relatif au passage du canal de Kiel, la Cour rapprocha cet article des stipulations inscrites dans la même partie du traité au sujet des autres voies navigables de l'Allemagne. Elle constata que les règles relatives au canal de Kiel en étaient entièrement indépendantes et perdraient leur raison d'être si elles devaient être complétées ou interprétées à l'aide des autres stipulations. « Ce n'est pas, dit la Cour, dans un argument d'analogie avec ces dispositions qu'il convient de chercher la pensée qui a inspiré l'article 380 et les articles suivants du Traité, mais bien plutôt dans un argument *a contrario* qui les exclut (Ser. A, n° 1, pp. 23–24) ». C'est donc par une considération de l'ensemble de la situation, considération dont les véritables mobiles ne parviennent peut-être pas à trouver une expression adéquate dans l'arrêt, que le juge choisit la voie que suivra son raisonnement.[215]

Section VI. L'interprétation à l'aide du droit commun

Cette méthode d'interprétation ne se borne pas à examiner les expressions verbales dans leur contexte, mais fait un pas de plus. Le texte est considéré comme partie du système global de droit international et l'interprétation se propose de le mettre en harmonie avec la réglementation générale de celui-ci. La présomption sur laquelle se base cette méthode d'interprétation est que les contractants en rédigeant le traité, sont partis de certaines données qu'il n'était pas nécessaire de reproduire dans le texte, et auxquelles ils se sont référés tacitement[216]. Cette méthode d'interprétation se rapproche ainsi du procédé dénommé parfois construction, procédé, cependant, qui ne se

---

[215] Cf. L. EHRLICH, *op. cit.*, p. 113.

[216] Voir par exemple H. LAUTERPACHT : « The treaty must be taken to have been made within the frame of international law in concluding treaties the parties must frequently avail themselves of current legal forms and institution, and thus the interpretation of their intention assumes necessarily the character of a construction, by reference to the specific facts of the case, of these legal terms and institutions. The parties conclude a treaty, not in a legal vacuum, but against a background of existing rules of international law. » (Function, p. 109), voir également L. EHRLICH, *op. cit.*, p. 132.

distingue pas essentiellement de toute autre méthode d'interprétation.

Des exemples d'une interprétation faite à la lumière du droit international coutumier se trouvent dans l'arrêt relatif à la Commission de l'Oder. D'après une stipulation du Traité de Versailles, une convention ultérieure déterminerait dans le détail le régime juridique de l'Oder et de ses affluents. Quant à la signification du terme « convention », la Cour observa qu'il fallait penser qu'on avait envisagé une convention « destinée à être rendue opérante conformément aux règles ordinaires du droit international » ; il n'y avait pas lieu de supposer qu'on eût voulu « déroger à une règle si importante du droit international que celle qui a trait à la ratification des conventions (Sér. A, no. 23, p. 20) ». Plus loin dans le même arrêt, la Cour s'occupe de la question de savoir si le régime international prévu par le Traité de Versailles s'appliquait aussi aux parties des rivières qui parcourent exclusivement le territoire polonais ; déclarant qu'il y a d'autres moyens d'interprétation d'un texte qu'une analyse purement grammaticale, « en particulier le recours aux principes qui régissent la matière à laquelle le texte a trait », elle procède ensuite à un examen du droit fluvial international et son développement depuis le Congrès de Vienne ; il ressort de cet examen que les traits essentiels du droit fluvial sont la parfaite égalité de tous les États riverains dans l'usage de tout le parcours du fleuve et l'exclusion de tout privilège d'un riverain quelconque par rapport aux autres, et c'est donc une interprétation conformément à cette évolution que la Cour donne des dispositions en question.

Dans son arrêt sur le fond de l'*Affaire relative à la Haute-Silésie polonaise*, la Cour constate qu'à la base de la Convention de Genève se trouvait le principe du respect des droits acquis. D'une part, il en découlait que la faculté d'expropriation accordée à la Pologne par le titre III de la convention avait un caractère absolument exceptionnel et devait, par conséquent, être entendue dans un sens limité, et d'autre part il s'ensuivit que les mesures généralement admises, telles que l'expropriation pour utilité publique, la liquidation judiciaire et les actes analogues n'étaient pas affectés par la convention (Sér. A, n°7, p. 22 ; p. 42).

Section VII. L'interprétation à la lumière de l'application déjà faite du traité.

Cette méthode d'interprétation, elle aussi, est conçue souvent comme un moyen de dégager les intentions véritables des parties contractantes. Elle repose donc sur la présomption que l'application donnée au traité, la manière dont les parties en ont mis les dispositions en exécution, reflète les idées qu'elles se sont proposé de réaliser.

Nous voyons par exemple la Cour affirmer, dans son avis consultatif relatif aux Fonctionnaires ferroviaires de Dantzig, que l'on doit rechercher l'intention des parties « dans le contenu de l'accord en prenant en considération la manière dont l'accord a été appliqué (Sér. B, n°15, p. 18) ». Une autre expression de la même idée se trouve dans l'avis consultatif sur la compétence de l'OIT pour régler le travail agricole. La Cour estima que la partie XIII du Traité de Versailles, considérée dans son ensemble, ne contenait aucune ambiguïté en ce qui concerne son applicabilité à l'agriculture. Si une équivoque avait existé, ajouta la Cour, elle « aurait pu examiner la manière dont le traité a été appliqué (Sér. B, n°2, p. 38) ». Pour toute fin utile, la Cour constata que l'O.I.T. s'était occupée depuis plusieurs années de sujets relatifs à l'agriculture sans que personne n'y eût jamais soulevé d'objection.

C'est sous cet angle aussi que l'on pourrait regarder un passage de l'avis consultatif relatif à la compétence de l'O.I.T. pour régler accessoirement le travail personnel du patron. Les Parties contractantes du Traité de Versailles, en adoptant le Statut de l'Organisation Internationale du Travail, avaient inscrit à l'ordre du jour de la première Conférence du Travail la question de l'extension et de l'application de la Convention interdisant l'emploi du phosphore blanc dans l'industrie des allumettes, convention qui s'applique forcément au travail du patron aussi bien qu'aux travailleurs. Cette mesure, dit la Cour, a donc été considérée comme étant du domaine de la réglementation du travail, « et l'on peut y voir une interprétation contemporaine et pratique, donnée par les Hautes Parties contractantes, des limites de la compétence qu'elles avaient conférée à l'Organisation internationale du Travail (Sér. B, no. 13, p. 19) ».

Enfin, on pourrait signaler l'exemple que nous fournit l'avis consultatif dans l'Affaire de Mossoul. Il y était question de savoir si le Conseil de la Société des Nations pouvait être doté du pouvoir de trancher, avec force obligatoire pour les parties, un différend international, bien que le Pacte, notamment dans son article 15, n'attribue au Conseil que la compétence plus limitée d'adopter des recommandations. La Cour estima que cet article ne faisait aucun obstacle à ce que les parties d'un accord spécial confèrent au Conseil des pouvoirs plus étendus, et elle invoqua en faveur de cette interprétation l'existence de « précédents dans lesquels les Parties se sont engagées d'avance à accepter une recommandation du Conseil, ce qui équivaut en fait à lui confier un pouvoir de décision (Sér. B, n°12, p. 27) ».

Les motifs qui peuvent amener le juge international à donner à une disposition conventionnelle une interprétation conforme à l'application qui en a été déjà faite dans la pratique, sont assez faciles à deviner. Abstraction faite de toute présomption quant aux intentions des parties contractantes, leur application pratique de la convention fournit au juge un de ces points d'appui objectifs dont la juridiction internationale ne peut se passer à son stade actuel. Si vaste que soit en réalité la libre appréciation du juge, son autorité vis-à-vis des États, jaloux de leur souveraineté, dépend, comme nous avons eu l'occasion de le constater à plusieurs reprises, de ce qu'il trouve des faits objectifs sur lesquels il peut étayer ses décisions en sorte que le vrai caractère de l'acte judiciaire soit partiellement dissimulé. Une raison plus profonde qui peut conduire le juge à se laisser inspirer de l'interprétation adoptée en pratique, est la préoccupation de sauvegarder la stabilité et l'évolution harmonieuse des rapports internationaux. En effet, une interprétation qui irait à l'encontre de l'interprétation usuelle du traité, aurait des répercussions au-delà de l'Affaire en litige et anéantirait de légitimes espérances.

Section VIII. L'interprétation en faveur de l'indépendance et de la liberté des États

Dans les pages précédentes, nous avons vu que le principe de la souveraineté ne manque pas d'influencer sensiblement l'esprit du juge international. Cette constatation n'est que confirmée par l'examen des méthodes d'interprétation suivies par la Cour. En effet, un argument qui se retrouve souvent dans les décisions de la Cour, est qu'en cas de doute, l'interprétation qui limite le moins la souveraineté de la partie engagée, doit être préférée. Dans l'Affaire du Wimbledon la Cour constate ainsi que les dispositions du Traité de Versailles relatives au Canal de Kiel constituent pour l'État allemand une limitation importante de ses droits de souveraineté ; « et cela suffit, continue la Cour, pour que la clause qui consacre une telle limitation doive en cas de doute, être interprétée restrictivement (Sér. A, n°1, p. 24) ». Dans son avis consultatif sur l'Affaire de Mossoul, la Cour admet comme juste un argument avancé par la Turquie et basé sur la même idée (Sér. B, n°12, p. 25) et, dans l'Affaire des Zones, la Cour a également déclaré que « dans le doute, une limitation de la souveraineté doit être interprétée restrictivement (Sér. A/B, no. 46, p. 167) ». Il est évident que, rigoureusement observé, ce principe devrait aboutir à donner un sens restrictif à tout engagement international dont la portée est contestée. Une telle conséquence ne serait jamais acceptée par la Cour, et la conviction que les déclarations précitées sont dues aux circonstances concrètes des cas respectifs sans avoir une valeur générale se trouve confirmée par l'arrêt de la Cour relatif à la Commission de l'Oder. Au cours des plaidoiries de cette affaire, le Gouvernement polonais avait exposé une thèse basée sur une telle présomption en faveur de la souveraineté des États. La Cour, toutefois, observa que « cet argument, juste en lui-même, ne doit être appliqué qu'avec la plus grande prudence ». Pour y avoir recours, il ne suffisait pas, d'après la Cour, qu'une analyse purement grammaticale du texte ne donne pas de résultats certains ; il n'y avait bien d'autres moyens d'interprétation, parmi lesquels la Cour relevait surtout le recours aux principes juridiques qui régissent en général la matière à laquelle le texte a trait. « Ce sera seulement, conclut la Cour, si, tout élément pertinent ayant été pris en considération, l'intention des parties n'en reste pas moins douteuse, qu'il y aura lieu de se prononcer pour l'interprétation la plus favorable à la liberté des États (Sér. A, n°23, p. 26) ».

Nous voyons donc comment le même principe d'interprétation qui, dans l'Affaire du *Wimbledon* figurait au premier rang, est relégué, dans une affaire subséquente à une place bien inférieure. Il en ressort que parmi les principes d'interprétation auxquels le juge international a recours, il n'y a aucun ordre de précellence déterminée, et la conclusion s'impose inévitablement que les circonstances concrètes de chaque cas particulier déterminent le choix que le juge est appelé à faire entre les divers principes qui entrent en ligne de compte.

Section IX. L'interprétation téléologique[217].

A première vue, une interprétation basée sur le but que la stipulation en question est censée viser, ne se distinguerait pas essentiellement d'une interprétation basée sur les intentions des parties contractantes, car le but d'une disposition, est-il possible de le constater sans rechercher comment les parties contractantes l'ont envisagé ? Plusieurs déclarations faites par la Cour pourraient être invoquées en faveur d'un tel point de vue. Dans son premier arrêt concernant l'usine de Chorzów, par exemple, la Cour se prononce ainsi à l'égard d'une disposition de la Convention de Genève :

« Pour l'interprétation de l'article 23, il convient de s'attacher, non seulement à l'évolution historique des conventions d'arbitrage et à leur terminologie, ainsi, qu'au sens grammatical et logique des mots employés, mais aussi et surtout à la fonction qui doit, selon la volonté des Parties contractantes être attribuée à cette disposition (Sér. A, n°9, p. 24) ».

Plus loin, cependant, la Cour constate que le but des voies de recours prévues par la Convention « semble être » d'éviter que les intérêts protégés par la Convention ne se

---

[217] Elle est fondée sur le but et l'objet de traité. Voir D. DORMOY, *Droit des organisations internationales*, Paris, Dalloz, 1995, p. 17.

trouvent compromis en cas de divergence entre les Parties contractantes sur l'application de la Convention, et elle conclut qu'une interprétation qui l'obligerait à s'arrêter à la simple constatation que la Convention a été violée sans pouvoir prescrire le rétablissement des droits lésés, irait à l'encontre « du but plausible et naturel de la disposition (Sér. A, n°9, p. 25) ».

Cette dernière phrase met en évidence que le but du traité est dégagé, non d'une recherche méthodique des intentions que les parties contractantes ont voulu réaliser, mais au contraire d'une considération générale de la Convention, de sa place dans les rapports entre les États et certainement aussi de l'utilité de l'un ou l'autre résultat pratique. Une vérification exacte du rôle respectif de ces différentes considérations n'est guère possible sur la seule base des textes dans lesquels les décisions de la Cour prennent forme. Il n'en reste pas moins vrai que toute référence à la volonté des parties contractantes est fictive tant qu'elle ne prend pas pour point de départ une analyse des faits objectifs, et que l'interprétation téléologique, telle qu'elle a été pratiquée par la Cour repose, dans une large mesure, sur des bases qui ne jouissent pas d'une existence objective, indépendante de l'appréciation du juge. Quelques autres exemples tirés de la pratique de la Cour serviront à éclaircir ces points.

Dans l'Affaire relative à l'échange des populations grecques et turques, il était question d'interpréter le mot « établie » dans la Convention du 30 janvier 1923 relative à cet échange. Ce mot, de l'avis de la Cour, ne renvoyait pas à la conception de domicile d'après les législations nationales. Le but de la convention était de déterminer qu'il était « échangeable » ; ce but ne permettrait pas un envoi aux législations nationales, car :

« L'application des lois turques et grecques aurait eu probablement pour conséquence des incertitudes, des difficultés et des longueurs incompatibles avec la rapidité d'exécution qu'on a toujours regardée comme essentielle à la convention dont il s'agit. En outre, il se pourrait très bien que par le renvoi aux lois turques et grecques, la répartition de la population se fit d'une manière différente en Turquie et en Grèce ; cela ne serait non plus conforme à l'esprit de la convention, qui, sans doute, se propose d'assurer le même sort aux populations grecques et turques par une application identique et réciproque de dispositions égales sur les territoires des deux États (Sér. B, n°10, pp. 19–20) ».

Dans ce même ordre d'idées, on pourrait signaler une observation faite par la Cour dans son arrêt relatif à l'Affaire Pajz, Csaky et Esterhazy. Les accords de Paris du 28 avril 1930 entre la Hongrie et la Yougoslavie établirent un arrangement relatif aux indemnités d'expropriation dues aux ressortissants hongrois dont la propriété en Yougoslavie avait été expropriée, arrangement qui, de l'avis de la Cour, excluait toute action contre l'État yougoslave si une demande adressée au Fonds agraire créé par les Accords, n'aboutissait pas. En faveur de cette interprétation la Cour observa ce qui suit :

« Si les accords de Paris devaient être interprétés et appliqués comme ayant laissé la porte ouverte à de nouvelles demandes de ressortissants hongrois et à de nouvelles prétentions à réclamer des indemnités d'expropriation en dehors desdits accords, on pourrait dire que l'apaisement cherché par les Accords de Paris en ce qui concerne les affaires de réforme agraire, n'aurait véritablement pas été atteint (Sér. A/B, n°68, p. 60) ».

De même, la Cour constate, dans son avis consultatif sur la compétence de l'O.I.T. pour régler les conditions de travail dans l'agriculture que le but de l'organisation, savoir améliorer les conditions des ouvriers par des mesures coordonnées dans les divers pays, ont la même valeur pour les marins, les pêcheurs et les ouvriers agricoles que pour les ouvriers industriels proprement dits (Sér. B, n°2, p. 24).

Une interprétation qui tient compte du but général de la convention interprétée se trouve également dans l'arrêt de la Cour relatif à l'Affaire des Eaux de la Meuse. Un traité de 1863 stipulait que l'eau du Canal Zuid-Willem devait être prise à la Meuse à la prise d'eau de Maastricht ; la Cour fut appelée à décider si l'ouverture par la Belgique d'une nouvelle écluse était contraire à cette stipulation. Rappelant, d'abord, que le traité de 1863 se proposait de résoudre certains problèmes pratiques relatifs à l'alimentation des canaux à l'aval de Maastricht et qu'il fallait, par conséquent, tenir compte de l'ensemble de ces problèmes, la Cour déclara qu'elle serait disposée à considérer l'usage de la nouvelle écluse comme incompatible avec le traité « s'il était démontré que l'usage de l'écluse de Neerharen contrevient à l'objet du Traité, c'est-à-dire s'il était démontré que l'écluse de Neerharen produit un excès de courant dans le Zuid-Willeemsvaart ou manque d'eau dans la Meuse (Sér. A/B, n°70, p. 23) ».

Un autre exemple d'une interprétation, qui tient compte du but général d'une disposition s'est présentée dans l'Affaire relative aux Écoles minoritaires en Albanie. Dans son avis consultatif la Cour constate que la Déclaration faite par l'Albanie vis-à-vis du Conseil de la Société des Nations avait pour objet d'étendre à l'Albanie les principes généraux inscrits dans les traités pour la protection des minorités, et c'était par conséquent sur ce terrain qu'il avait lieu de se placer pour interpréter les dispositions controversées. (Sér. A/B, n°64, p. 17)[218]. La vraie nature de ce point de vue est mise en évidence par l'opinion dissidente commune des juges Sir Cecil HURST, Comte ROSTWOROWSKI et M. NEGULESCO, dont le passage suivant est particulièrement révélateur :

« Comme l'avis de la Cour se fonde sur le but général que l'on estime être celui des traités de minorités, et non sur le texte de la Déclaration albanaise, cet avis comporte, dans une certaine mesure une dérogation au principe suivi jusqu'à présent par la Cour dans l'interprétation d'actes internationaux, à savoir que la Cour, lorsqu'elle se trouve en présence d'une disposition suffisamment claire, est tenue de l'appliquer telle qu'elle est sans rechercher si d'autres stipulations auraient utilement pu lui être ajoutées ou y être substituées, et ceci même si les résultats qui en découlent peuvent dans une hypothèse particulière paraître peu satisfaisants (Sér. A/B, n°64, p. 17) ».

Sans revenir à une discussion académique de la notion de la « clarté » d'un texte, nous pouvons constater que ces trois juges lèvent leur voix contre une interprétation qui tend en premier lieu à éviter des conséquences « peu satisfaisantes » ; il y a donc tout lieu de présumer que des considérations d'utilité et d'équité ont joué un rôle dans l'interprétation des traités, non seulement dans le cas

---

218 Cet exemple pourrait donc aussi être envisagé comme une interprétation à l'aide du droit commun ou, en tout cas, des normes juridiques qui lient les principaux États pour lesquels se pose le problème de la protection des minorités. En outre, il faut signaler que la Cour finit par invoquer, en faveur de son interprétation, l'histoire de la situation en question, de sorte que la constatation du but de la déclaration s'appuie, dans ce cas, sur une recherche empirique, ne fût-ce qu'en tout dernier lieu.

signalé, mais encore dans d'autres cas lorsque le juge n'a pas estimé que le texte fût clair. Ce problème mérite une attention particulière.

Section X. L'interprétation à la lumière des effets raisonnables et équitables.

Comme nous le verrons plus loin, l'on reconnaît généralement dans la doctrine le rôle joué par l'équité dans l'interprétation des normes positives ; l'équité, comme l'exprimait en 1937 l'Institut de Droit International est « inhérente à une saine application du droit »[219]. En effet, il y a lieu de croire que le recours à des considérations d'équité fait partie de toute activité judiciaire d'une manière si intégrante que le juge n'éprouve aucun besoin de le justifier, ni même de le relever expressément dans ses décisions. Il serait donc difficile, sur la seule base des textes de ces décisions de démontrer les vraies proportions de l'influence exercée par de telles considérations sur la jurisprudence internationale. Néanmoins, la pratique de la Cour Permanente nous offre de nombreuses indications intéressantes à cet égard.

La forme la plus courante sous laquelle la Cour a révélé son inclination pour une telle méthode d'interprétation est de mettre en évidence que toute interprétation possible autre que l'interprétation adoptée par la Cour aboutirait à des conclusions injustes ou déraisonnables souvent, la Cour se réfère à cet égard aux intentions présumées des parties contractantes en déclarant qu'il est inconcevable que les parties aient cherché à obtenir un tel résultat insensé. Or, il va sans dire que dans cette situation encore plus que dans les situations envisagées précédemment, la référence à la volonté des parties est une pure fiction dont

[219] Annuaire 1937, p. 270.

le seul but est de dissimuler, en quelque sorte, la liberté d'appréciation inséparable de tout exercice d'une fonction judiciaire.

Parmi les nombreux exemples, dans la pratique de la Cour, de l'application d'une telle méthode on pourrait signaler, en premier lieu, un passage de son arrêt sur les Eaux de la Meuse. « La thèse soutenue par le gouvernement des Pays-Bas, dit la Cour, se trouve d'ailleurs écartée par le singulier résultat pratique auquel elle aboutirait ». Car elle reviendrait à reprocher à la Belgique d'avoir établi le tracé d'un nouveau canal sur l'emplacement de l'ancien, tandis que la construction du nouveau canal, ne fût-ce que quelques mètres de l'ancien, n'eût pas, d'après cette thèse, contrevenu au traité. « Une semblable conséquence, conclut la Cour, ne saurait avoir été dans l'intention des Parties contractantes ou résulter d'une juste interprétation du texte du traité (Sér. A/B, n°70, p. 26) ».

Un autre exemple d'une méthode pareille se trouve dans le premier avis consultatif de la Cour relatif à la désignation par le Gouvernement des Pays-Bas du délégué ouvrier néerlandais à la troisième réunion de la Conférence internationale du Travail. La question controversée était de savoir si le Gouvernement, en omettant de consulter la plus grande organisation ouvrière et demandant seulement l'avis de trois autres organisations qui cependant représentaient ensemble la majorité des ouvriers organisés, s'était conformé aux dispositions du Traité de Versailles qui exige la consultation des « organisations professionnelles les plus représentatives ». A cet égard, la Cour prenait un exemple imaginaire dans lequel une petite minorité d'ouvriers, d'après la thèse avancée contre le Gouvernement néerlandais, aurait l'influence décisive. « Un tel résultat, dit la Cour, juge l'interprétation qui le rend possible et il faudrait un texte non équivoque pour l'imposer. Or, la rédaction de l'article ne fournit aucun argument en ce sens (Sér. B, n° 1, p. 22) ».

Si un des traits les plus caractéristiques de l'équité est de fuir tout ce qui est arbitraire, nous trouvons un exemple d'une interprétation tenant compte de l'équité dans l'arrêt relatif à la Compétence de la Commission de l'Oder. Au sujet de l'article 332 du Traité de Versailles, qui accordait à toutes les Puissances la liberté de navigation sur des voies d'eau déclarées internationales, la Cour se prononça ainsi :

« Cette disposition serait peu appropriée, voire arbitraire, si cette liberté s'arrêtait à la dernière frontière politique ». Les États non riverains, eux aussi, peuvent avoir un intérêt à la navigation sur ces voies d'eau, et, continue la Cour, « il serait difficile de comprendre pourquoi cet intérêt ne serait pas reconnu lorsqu'il s'agit d'atteindre les ports du dernier État d'amont. L'intérêt qu'ont tous les États comporte la liberté de la navigation dans les deux directions (Sér. A, n° 23, p. 28) ».

Dans l'Affaire relative au Statut du Territoire de Memel, affaire que nous avons commenté plus haut, la Cour conclut son exposé sur l'interprétation du Statut par l'affirmation que voici : « Suivant une bonne interprétation, le Gouverneur doit être considéré comme ayant le droit de suivre les actes du pouvoir exécutif (Sér. A/B, n° 49, p. 318) ». L'emploi du mot « bon » à ce propos évoque inévitablement l'idée d'un jugement de valeur, idée qui dans notre domaine ne se laisse guère séparer de la notion d'équité.

A plusieurs occasions, lorsqu'elle a été appelée à statuer sur des questions se rapportant à la protection des minorités, la Cour a exprimé l'opinion qu'une interprétation qui dépouillerait un traité de minorités d'une grande part de sa valeur ne saurait être admise ; qu'il faut veiller à ce que la protection garantie soit certaine et efficace ; que l'égalité de traitement assurée à la minorité n'est pas réalisée par une égalité purement formelle en ce sens que les termes de la loi évitent d'établir un traitement différentiel, mais peut exiger, selon les circonstances, des mesures particulières en vue d'arriver à un résultat qui établisse l'équilibre entre des situations différentes (Sér. B, n°6, p. 25, n°7, pp. 16–17 ; Sér. A/B, n°64, p. 19). Cette même attitude, qui refuse un formalisme juridique pour donner à la stipulation interprétée le sens qu'exigent les circonstances concrètes, se trouve ailleurs dans la jurisprudence de la Cour. L'arrêt sur le fond de l'Affaire relative à la Haute-Silésie polonaise en contient plusieurs exemples. Le terme « ressortissant », bien que visant en général les personnes physiques, fut interprété de manière à comprendre aussi une commune (Sér. A, n°7, pp. 74–76) ; la notion de contrôle d'une société anonyme, critère décisif pour la faculté d'exproprier ses biens-fonds, fut déterminer par le raisonnement suivant :

« Étant donné que la notion de « contrôle » correspond à une conception essentiellement économique, il n'est pas permis d'attribuer une importance décisive aux fonctions que, selon la loi ou les statuts, remplissent certains organes, comme les conseils de surveillance des sociétés anonymes, et d'en faire un critère juridique rigide. Il faut au contraire, traiter chaque cas comme un cas d'espèce (Sér. A, n°7, p. 69) ».

Et la Cour arrive à la conclusion que les quatre actionnaires de nationalité non-allemande, qui possèdent les 80% des actions, doivent être considérés comme contrôlant la société.

Un domaine où les considérations d'ordre juridico-politique se sont manifestées d'une manière particulièrement frappante, c'est celui de la compétence de la Cour.[220] D'une manière générale, la Cour s'est montrée peu disposée à donner suite aux exceptions formulées contre sa compétence pour connaître d'une affaire portée devant elle par requête unilatérale. L'interprétation des dispositions conventionnelles pour lesquelles le règlement judiciaire a été prévu, semble avoir été toujours inspirée de la préoccupation de donner à cette procédure un champ d'application aussi vaste que possible. Dans l'arrêt préliminaire relatif à l'*Usine de Chorzow*, on trouve la considération suivante :

« La Cour, amenée à délimiter sa propre compétence par rapport à celle d'une autre juridiction, ne peut faire fléchir la sienne que vis-à-vis d'un texte qui, de son propre avis, soit suffisamment précis pour exclure la possibilité d'un conflit négatif de compétences entraînant le danger d'un déni de justice (Sér. A, n°9, p. 30) ».

Des considérations pareilles sont à la base de la décision prise par la Cour à l'occasion de son sixième avis consultatif. D'après l'art. 12, 2e alinéa, du traité de Minorités du 28 juin 1919 le Conseil de la Société des Nations, informé d'une infraction au Traité, pouvait prendre toute mesure utile, y compris sans doute la demande d'un avis consultatif. D'autre part, les parties contractantes avaient le droit, en vertu du 3e alinéa du même article de saisir la Cour de toute question relative à

---

220 Voir à cet égard notamment H. LAUTERPACHT, Development, *op. cit.*, pp. 55-61.

l'interprétation du Traité. Cette dernière stipulation ne portait pas atteinte à la faculté de la Cour de donner un avis consultatif à la demande du Conseil ; la raison en était la suivante :

« Si la Cour refusait de se saisir d'une question à elle soumise en vertu de l'un de ces alinéas, en se basant pour ce faire sur ce que cette question eût pu, ou pourra plus tard, lui être soumise d'une façon différente conformément à l'autre alinéa, le résultat pourrait être, en pratique, de les rendre tous deux inefficaces (Sér. B, n° 6, p. 23) ». On peut, d'une manière générale, admettre que la Cour ne se saisit jamais d'une affaire, elle croise les bras et attend d'être saisi par les parties au différend.

Section XI. Interprétation ou appréciation du juge ?

L'examen rapide des méthodes adoptées par la Cour en interprétant les dispositions conventionnelles internationales, examen qui a dû se borner à relever certains exemples typiques sans pouvoir épuiser la matière, aura néanmoins laissé l'impression d'une extrême variété, sinon d'un manque de cohésion. La manière tout à fait discrétionnaire dont la Cour a choisi entre les diverses méthodes d'interprétation qui se présentent, confirme pleinement les observations de HAMMARSKJÖLD disant que la Cour a tout simplement pris les règles d'interprétation comme elle les a trouvées et s'en est servie conformément à ce qu'elle a estimé être les exigences du droit international général et des circonstances de chaque cas en particulier. En dernière analyse, l'interprétation n'est pas ainsi une opération logique ; l'apparence qu'elle en revêt ne sert qu'à dissimuler, pour des raisons légitimes, vu le caractère précaire de la juridiction internationale, sa véritable nature. C'est seulement à des rares occasions que la Cour a laissé tomber le voile pour montrer l'acte d'interprétation sous son vrai jour, qui est celui de l'utilité et de l'intérêt sociaux. La poursuite d'un but raisonnable et équitable est certainement un des éléments essentiels de toute interprétation, et le fait que cet élément ne se révèle que rarement dans les considérants d'un jugement, n'en est aucunement un démenti. La nécessité qu'éprouve le juge d'étayer ses décisions de certaines données ou des raisonnements objectifs, indépendants de sa discrétion ne saurait induire en erreur quant au caractère superficiel de ces raisonnements. L'œuvre d'interprétation des dispositions conventionnelles, non moins que les autres aspects de la fonction judiciaire relève ainsi en dernier ressort de l'appréciation du juge.

QUESTIONNAIRE DU CHAPITRE VI.

INTERPRÉTATION DES TRAITES INTERNATIONAUX

1. Qui peut et quand peut-on interpréter un traité international ?

2. Expliquez le sens juridique de l'expression « interpréter de bonne foi un traité international » ? Pourquoi interprète-t-on un traité ?

3. Quelles sont les limites qui s'imposent à l'interprète lorsqu'il se met à révéler le sens d'un traité international ?

4. A quoi sert le recours aux travaux préparatoires dans l'interprétation d'un traité international ?

5. Pourquoi la Cour internationale de Justice a-t-elle, plusieurs fois donné préférence à l'interprétation du traité international lui-même plutôt qu'au recours aux travaux préparatoires ?

6. Dégagez, tout en expliquant brièvement, les principaux moyens dont la Cour peut se servir pour déterminer le sens pratique d'une convention internationale ?

7. Quelle différence faites-vous entre :

    a. Interprétation téléologique ou fonctionnelle ?

    b. Interprétation objective ?

    c. Interprétation subjective ?

CHAPITRE VII.

LA NULLITE, L'EXTINCTION, LA SUSPENSION ET LE RETRAIT D'UNE PARTIE DES TRAITES

La terminologie en la matière n'est pas fixée. On peut parler d'extinction, de fin, de terminaison, de dissolution, d'abrogation, de dénonciation, de rejet, de retrait. [221]La volonté des États, avons-nous dit, joue un rôle important et essentiel dans la formation et surtout le respect du droit international. Les causes de nullité diffèrent selon que nous sommes en présence de nullité absolue ou relative. En effet, la Convention de Vienne dans ses articles 46 à 53, énumère sept cas où un traité peut être annulé.

Section I. Généralités

La nullité d'un traité est sans conteste la nature de la sanction que la doctrine a retenue en cas de violation des règles régissant le *treaty-making power*. Cette violation rend la ratification imparfaite. La question de savoir si un traité irrégulièrement conclu produira des effets au niveau interne et externe constitue un duel entre constitutionnalistes et internationalistes et nous avons essayé d'y répondre dans les pages précédentes. La nullité évoquée par un État partie, on le sait, peut-être relative ou absolue.

Comme le note le professeur Jean COMBACAU, les articles sur les cas de « nullité » sont ainsi disposés avec beaucoup de soin sur une échelle ascendante qui conduit à des motifs d'invalidité que peut évoquer la seule partie

---

[221] J. COMBACAU et S. SUR, *Droit international public*, 10ème édition, Paris, Montchrestien, 2012, p. 115.

directement lésée à ceux qui peuvent être soulevés par tout État intéressé à l'invalidation du traité[222].

Les articles 42 à 45 de la Convention de Vienne ne sont rien d'autre que les dispositions conventionnelles qui consacrent la supériorité du droit international sur le droit interne[223] et qui protègent les obligations issues d'un traité. Ces obligations consacrent la validité des traités, leur extinction, leur suspension et le retrait d'une partie.

Pour savoir si la nullité à laquelle peut aboutir la mise en œuvre de l'article 46 est relative ou absolue, on doit se référer à l'article 42. Cet article précise qu'en ce qui concerne les parties à la Convention, la validité d'un traité ou la validité du consentement d'un État d'être lié par lui sont exclusivement régies par la Convention. Cependant, les parties peuvent écarter la réglementation prévue dans la Convention en ce qui a trait à l'extinction d'un traité, à sa dénonciation, au retrait d'une partie ou à la suspension de l'application du traité.

La plupart des dispositions relatives à la nullité d'un traité sont rédigées dans des termes évoquant la nullité relative, mais un petit nombre suggère une nullité absolue[224].

L'article 43 dispose que : « Les obligations (nées d'un traité) auxquelles les États sont soumis en vertu du droit international général et qui sont énoncées dans un traité demeurent quel que soit le sort du traité ».

---

222 J., COMBACAU, *op. cit.*, p. 112.

223 C'est la doctrine dite de subordination du droit interne.

224 Voir F. DEHOUSSE, « La conclusion des traités d'après la pratique constitutionnelle et diplomatique belge », (1938) 3 Anales de l'Institut de droit comparé de l'Université de Paris, pp. 138-150 ; G. SCELLE, « De la prétendue inconstitutionnalité des traités », 1952, R.D.P.S.P., pp. 1012-1028.

L'article 44(1), pour sa part, stipule que le droit reconnu expressément ou implicitement par un traité de le dénoncer, de s'en retirer ou d'en suspendre l'application ne peut être exercé par les parties qu'à l'égard de l'ensemble du traité, à moins qu'il n'en soit convenu autrement.

Il en est de même au § 2 de cet article qui précise qu'une partie ne peut se prévaloir d'une cause de nullité ou d'extinction d'un traité, de retrait ou de suspension de son application, qu'à l'égard de l'ensemble du traité.

Si les articles précédents prônent l'indivisibilité des dispositions conventionnelles, par ailleurs, la divisibilité des dispositions d'un traité ne devient possible que dans le cas de dol ou corruption (art. 44(4)). Elle n'est pas autorisée dans les cas de contrainte ou de conflit avec les normes impératives, le *jus cogens* (art. 44(5).)

Un État partie peut sans conteste perdre son droit d'invoquer certaines causes de nullité d'un traité s'il en a eu connaissance et n'en n'a pas contesté la validité. Qui ne dit mot consent. Son silence prend la valeur du consentement (art. 45).

Section II. Les vices de consentement et la nullité

La théorie classique des motifs de nullité s'est dégagée par analogie à partir des constructions propres aux nullités des contrats en droit interne, écrit le professeur J. COMBACAU[225], et, comme lui, on s'intéressera moins ici à chacun de ces motifs dans sa singularité, car ils sont connus qu'à ce qui en fait un ensemble au moins partiellement homogène[226]. Retenons que sur ce chapitre

[225] J. COMBACAU, *op. cit.*, p. 111.
[226] J. COMBACAU, *Op.cit.*, p. 111.

des vices de consentement que la doctrine est admirablement divisée :

De nombreux auteurs préconisent l'adoption pure et simple des solutions éprouvées que retienne le droit interne. Les auteurs volontaristes ne sont pas les seuls à recommander cette transposition intégrale. En dehors de toute attitude systématique, d'autres s'y rallient par souci d'assurer une protection efficace des victimes de ces vices de consentement[227] .

Un deuxième courant de pensée, sans être hostile à cette transposition, recommande la prudence pour la double raison qu'il est impossible d'assimiler le traité à un contrat, et que l'action régulatrice d'une autorité juridictionnelle véritable fait défaut dans la société internationale. Tout en acceptant de se rallier à la règle générale qu'un traité peut être invalidé par l'existence d'un vice du consentement, les auteurs qui appartiennent à cette tendance s'efforcent de l'adapter aux conditions particulières de la vie internationale et de la concilier avec le principe *pacte sunt servanda*[228].

Selon une troisième opinion, toute transposition est repoussée comme dangereuse et inutile. Dangereuse, car en l'absence d'organes supérieurs, elle engendrerait des abus et des contestations insolubles au grand détriment de la stabilité des traités. Inutile, car la complicité de la procédure de conclusion des traités élimine pratiquement

---

227 V.H. LAUTERPACHT, *Private Law Sources and Analogies*, Longmans, Londres, 1927, p. 166 ; A. VERDROSS, « Règles générales du droit de la paix », R.C.A.D.I., 1929 ; V ; vol. 30, pp. 429-430 ; L. LE FUR, « L'Affaire du Leticia », R.G.D.I.P., 1934, p. 129-134.).

228 P. Reuter, « Principes de droit international public », R.C.A.D.I., 1961, vol. 103, pp. 539-542. ; L. CAVARE, Le droit international positif, Paris, Pedone, t. II, 1969, pp. 84-91.

les possibilités d'un consentement étatique vicié. C'est la théorie de l'« infaillibilité de l'État ». Seule, l'éventualité de la contrainte est concevable tandis que les cas d'erreur ou de dol ne seraient que des « hypothèses d'écoles ». Or, dans les relations internationales, le recours à la contrainte exclut toute solution d'essence privatiste et contractualiste[229].

Tous les motifs que les parties invoquent sont tirés du défaut de validité du consentement du contractant, on cite l'erreur (art. 48), le dol et la corruption du représentant d'un État (art. 49 et 50), la contrainte exercée sur celui-ci ou sur l'État[230] (art. 51 et 52) et, parfois, l'excès de pouvoir du représentant (art. 47), et d'une manière classique, on invoque la violation manifeste des règles internes relatives à la conclusion des traités (art. 46).

L'article 46 en son paragraphe 2 définit ce qu'il faut entendre par « violation manifeste », tandis que l'expression de « droit interne d'importance fondamentale » n'est pas précisée. Les recherches du professeur LUNDA BULULU[231] sont explicites : « Toutefois, le délégué péruvien, en explicitant l'amendement conjoint, avait parlé de norme de caractère constitutionnel et d'importance fondamentale » Pourtant, le caractère constitutionnel de la règle est très difficile à extraire de l'article en question. Mais la lecture des

229 Voir F. DESPAGNET, *Droit international public*, Paris, Sirey, 1905, pp. 540-541. ; Ch. ROUSSEAU, *op. cit.*, pp. 144-145., J.-P. JACQUE, *Éléments pour une théorie de l'acte juridique*, Paris, L.G.D.J., 1972, pp. 131-141.

230 Voir l'Accord germano-tchécoslovaque du 15 mars 1939 qui est une des menaces adressées par le Reich au président Hacha en 1939 pour le contraindre d'accepter la fin de l'indépendance de la Tchécoslovaquie.

231 LUNDA-BULULU, *op. cit.*, pp. 109-110.

travaux préparatoires nous conduit à dire qu'il doit s'agir de règles constitutionnelles. A la lumière de ce qui précède, « l'on ne peut cependant exclure de la notion de droit interne d'importance fondamentale une loi ordinaire relative au "*treaty-making power*[232]" ».

L'article 27 de la Convention de Vienne précise d'une manière claire qu'une partie ne peut invoquer les dispositions de son droit interne pour justifier la non-exécution de ses obligations conventionnelles. Loin de dire que les dispositions constitutionnelles sont lettres mortes au regard du droit international, au contraire, « elles trouvent, elles aussi, une protection dans le droit international, par ricochet aux règles régissant le "*treaty-making power*[233]" ». Ainsi, on peut dire que l'article 46 vise donc uniquement les règles relatives à la procédure pour conclure les traités[234]. Cela s'explique du fait que l'irrégularité du consentement selon le droit interne est la méconnaissance des procédures formelles de ratifications en vigueur dans l'État concerné. Contrairement à ce qui se produit pour l'erreur et le dol, la nullité réside dans la substance même de l'accord.

Section III. L'extinction, la suspension et le retrait d'une partie

Les traités internationaux n'ont pas une valeur juridique éternelle. Diverses causes peuvent conduire à l'extinction des traités et certaines d'entre elles ne requièrent pas une

---

[232] *Ibidem.*

[233] *Idem*, p. 110.

[234] Ph. CAHIER, donne un point de vue opposé au nôtre ; « Les caractéristiques de la nullité en droit international et tout particulièrement dans la convention de Vienne sur le droit des traités », 1975 RGDIP, pp. 645 et ss.

recherche approfondie, car elles s'approchent les unes des autres de telle sorte qu'elles rendent le traité caduc.

Généralement, on ramène à quatre les causes d'extinction des traités internationaux : la volonté commune des parties (abrogation), la manifestation unilatérale de volonté de l'une des parties (dénonciation), la survenance de certains événements (guerre, changement radical et imprévisible des circonstances) et la révision.

§1. L'extinction prévue par le traité

La dénonciation est une des causes d'extinction d'un traité qui mérite une attention particulière, car l'État dénonciateur signe l'arrêt de mort de l'accord. D'une part, c'est un acte par lequel un État partie à un traité y met fin (traité bilatéral) ou d'autre part s'en dégage (traité multilatéral).

Plusieurs traités prévoient expressément la faculté de dénonciation par le biais d'une disposition qui est partie intégrante de l'accord et qui établit la modalité de forme et de temps qui doit accompagner l'exercice d'une telle faculté.

Dans l'hypothèse où la mutation unilatérale est prévue par le traité, la partie qui se retire doit informer les autres parties de son intention par l'entremise du dépositaire. Selon l'article 54 de la Convention, l'extinction d'un traité ou le retrait d'une partie peut se produire conformément aux dispositions du traité ou selon l'accord des parties.

Dans la mesure où le traité n'organise pas la possibilité de dénonciation, de retrait ou de suspension, la mutation unilatérale doit être regardée comme une voie de fait susceptible d'engager la responsabilité internationale de l'État contrevenant. Nous n'allons pas nous étendre sur la question de responsabilité internationale de l'État, question infiniment délicate qui pourrait nous entraîner très loin.

A. L'abrogation

Par abrogation, les parties anéantissent explicitement ou implicitement, pour l'avenir, le traité qu'elles avaient établi collectivement. Dans ce cas, la caducité de l'effet conventionnel est définitivement confirmée sur les relations juridiques futures des parties au traité.

Il arrive souvent que le traité soit établi pour un temps déterminé par les parties et qu'il puisse être prolongé à la suite d'un accord commun. Pour ce qui regarde le traité qui arrive au terme final, sa caducité, dans ce cas, résulte de lui-même. Ainsi, l'abrogation résulte soit d'un traité nouveau qui enterre l'ancien, soit d'une clause spéciale d'un traité plus large.

B. La dénonciation

La dénonciation est une forme de manifestation de volonté d'un des contractants qui met fin aux effets juridiques d'un accord international. Elle doit se faire en vertu d'une disposition conventionnelle et non le contraire. Ce *treaty-making power* étant réglementé selon le droit interne de chaque État, il revient au même organe compétent qui a ratifié le traité de le dénoncer. Dans la plupart des cas, cette compétence appartient au chef de l'État. Cependant, la plupart des constitutions restent muettes sur l'organe qui doit dénoncer un traité international. Mais en se basant sur le principe de l'acte contraire[235], « les traités qui ont obtenu l'assentiment des

---

[235] H. ROLIN, *Principe de droit international public*, 1950, 2, R.C.A.D.I., p. 427.

Chambres ne peuvent être dénoncés que moyennant le même assentiment[236]. »

Tout État partie à un accord international peut le dénoncer par notification écrite adressée au Secrétaire général de l'O.N.U. ou à un État désigné par le traité (en principe, ce sera l'État sur le territoire duquel le traité a été signé) comme dépositaire. La dénonciation entre généralement en vigueur selon un délai de préavis qui peut varier de six mois à un an après la date à laquelle la notification a été reçue par le Secrétaire général des Nations Unies ou par tout autre État désigné par les parties.

Quelques précisions s'imposent. Lorsqu'il s'agit d'un traité bilatéral, la dénonciation met fin au traité. Mais retenons que la dénonciation des traités multilatéraux est souvent regardée comme un retrait d'une partie signataire, retrait qui ne met pas fin au traité lui-même. Cependant, l'État dénonciateur se place hors du régime juridique établi par le traité. Les autres États parties au traité restent lier par le traité tant et aussi longtemps qu'ils ne l'auront pas dénoncé eux aussi.

a. Droit de dénonciation

Conditions et modalités d'exercice.

Le paragraphe 2 de l'article 56 de la convention de Vienne sur le droit des traités et [...] la disposition correspondante du projet d'articles de la commission du droit international sur les traités entre États et organisations internationales ou entre organisations internationales [...] prévoient expressément que, quand un

[236] P. De VISSCHER, « L'adaptation de la Constitution belge aux réalités internationales », *Actes du colloque conjoint des 6 et 7 mai 1968*, p. 132.

droit de dénonciation peut être déduit de la nature d'un traité ne peut être exercé que moyennant un préavis, lequel doit être de douze mois au moins. Il est clair que ces dispositions supposent elles aussi une obligation d'agir de bonne foi et de tenir raisonnablement compte des intérêts de l'autre partie au traité[237].

b. Accords de siège

Les dispositions des accords de siège concernant leur révision, leur extinction ou leur dénonciation [...] confirment tout d'abord que les organisations internationales et les États hôtes reconnaissent être tenus de l'obligation réciproque de résoudre les problèmes que peuvent soulever la révision, l'extinction ou la dénonciation d'un accord de siège. Elles font même plus que cela, puisqu'il faut présumer qu'elles traduisent les vues des organisations et des États hôtes sur ce que cette obligation implique dans les circonstances où les dispositions sont destinées à jouer. La cour est donc d'avis qu'il s'en dégage certaines indications générales quant à ce que peut impliquer l'obligation réciproque des organisations et des États hôtes de coopérer de bonne foi [pour les buts et objectifs de l'organisation][238].

c. Traités de règlement judiciaire

La thèse d'après laquelle « les traités de règlement judiciaire ou les déclarations d'acceptation de la juridiction obligatoire de la cour sont au nombre des dispositions conventionnelles qui, par nature, peuvent être dénoncées unilatéralement lorsque aucune disposition

---

[237] Interprétation de l'accord du 25 mars 1951 entre l'OMS et Égypte, avis consultatif, C.I.J. Recueil 1980, pp. 94-95, par. 47.

[238] Interprétation de l'accord du 25 mars 1951 entre l'OMS et l'Égypte, avis consultatif, C.I.J Recueil 1980, p. 94, par. 46.

expresse ne régit leur durée ou leur extinction [n'est pas applicable en l'espèce]. Bien que la clause compromissoire de l'échange de notes de 1961 entre le Gouvernement islandais et les Gouvernements du Royaume-Uni ne contienne aucune disposition expresse concernant sa durée, l'obligation qu'elle prévoit comporte un facteur temporel intrinsèque qui en conditionne l'application. En effet, le droit d'invoquer la compétence de la cour était subordonné à une condition suspensive qui pouvait à tout moment se réaliser -l'affirmation par l'Islande d'une protection à un élargissement de sa zone de pêche. Il serait donc inexact de dire qu'elle possède un caractère permanent ou qu'elle lie les parties à perpétuité.

En l'espèce, la cour n'a pas à examiner le principe en question ni à se prononcer à ce sujet. Il suffit de souligner que cette conception ne vise que les instruments par lesquels les parties acceptent l'obligation générale de soumettre au règlement judiciaire tous les différends, ou certaines catégories de différends, pouvant survenir entre elles dans un avenir imprévisible. L'échange de notes de 1961 ne contient pas un accord de cette nature. Il comporte une clause comporte une compromissoire précise établissant la compétence de la cour pour connaitre d'une catégorie déterminée de différends, prévue et spécialement envisagée par les parties. En conséquence, lorsque surgit un différend qui entre précisément dans la catégorie envisagée et qui est porté devant la cour, on ne saurait admettre que la clause compromissoire soit caduque ou qu'il puisse y être fin[239].

[239] Compétence en matière de pêcheries (Royaume-Uni c. Islande), compétence de la cour, arrêt, C.I.J. Recueil 1973, pp. 15-16, par. 26/28-29 (29/29). Compétence en matière de pêcheries (République fédérale d'Allemagne c. Islande), compétence de la cour, arrêt, C.I.J. Recueil 1973, pp. 59-60, par. 26/28-29.

§2. L'Extinction non prévue par le traité

Le retrait d'une partie au traité alors que celui-ci n'envisage pas d'avance une telle mutation soulève beaucoup de difficultés à l'État qui veut être libéré de ses obligations conventionnelles. « C'est alors le droit international général qu'il faut interroger pour trouver les règles applicables[240] ». Si un traité ne prévoit ni son extinction ni la possibilité de le dénoncer ou de s'en retirer, il ne peut faire l'objet d'une dénonciation ou d'un retrait, sauf si cette possibilité ressort de l'intention des parties ou de la nature du traité (art. 56(1)). Dans ce cas, l'intention de le dénoncer ou de s'en retirer doit être notifiée aux autres parties au moins douze mois à l'avance (art.56(2)). « Les travaux de la Commission du droit international ont montré au sujet de l'article 56 que les traités à caractère normatif, véritables traités-lois, ne pouvaient pas être dénoncés[241] ».

La communauté internationale, en cette matière, s'est toujours référée au Protocole de Londres du 18 janvier 1871 signé par les grandes puissances de l'époque pour libérer la Russie qui avait exigé dans une déclaration, le 19 octobre 1870, d'être déchargée de ses obligations la liant au traité de Paris de 1856 sur la démilitarisation de la mer Noire. Ainsi, on peut lire dans le corps du Protocole : « Un État ne peut se délier des engagements des parties contractantes qu'au moyen d'une entente amiable ». C'est depuis cette date que la porte fut ouverte au moyen d'une entente amiable à toute partie au traité qui manifesterait son intention aux autres parties de sortir de l'empire juridique conventionnel.

---

240 J. COMBACAU, *op. cit.*, p. 105.
241 C.-A. COLLIARD, *op. cit.*, p. 278.

Il en était de même quand, en 1908, l'Autriche a exigé de pouvoir réaliser l'annexion de la Bosnie-Herzégovine, alors qu'elle entrait ouvertement en contradiction avec les dispositions de traité de Berlin du 13 juillet 1878. La question fut résolue au moyen d'un accord spécial entre les parties intéressées, le 26 février 1909. L'Égypte a dénoncé, en 1953, le traité anglo-égyptien de 1936. Les exemples abondent.

Ces deux protocoles demeurent une référence permettant à un État de se libérer de ses obligations conventionnelles si l'extinction n'est pas prévue[242].

A. La guerre[243]

Par les traités, les États fondent le respect de leurs intérêts, font la paix, engagent leur responsabilité au sein de la communauté internationale et se promettent d'établir des relations harmonieuses, sûres et stables entre eux. Les traités, nous l'avons déjà dit, sont presque inhérents aux relations internationales. Ainsi, on peut dire sans crainte de pouvoir se tromper que l'État de guerre est incompatible avec les traités internationaux. Curieusement, remarque-t-on, la Convention de Vienne ne

---

[242] J. BASDEVANT, Règles générales du droit de la paix, 1936, IV, Rev. Cour de La Haye, p. 633 , « Théoriquement, ce changement supposé suffisant entraîne la caducité de l'obligation. Mais dans la pratique, il faut que ce changement et sa gravité soient constatés, et que l'effet qui y est attaché (caducité) soit reconnu. » Voir aussi BOURQUIN, *Stabilité et mouvement dans l'ordre juridique international*, 1938, II, Rec. Cour de La Haye, p. 40.

[243] J. BASDEVANT, *Règles générales du droit de la paix*, 1936, IV, Rev. Cour de La Haye, p. 633, « Théoriquement, ce changement supposé suffisant entraîne la caducité de l'obligation. Mais dans la pratique, il faut que ce changement et sa gravité soient constatés, et que l'effet qui y est attaché (caducité) soit reconnu. » Voir aussi BOURQUIN, *Stabilité et mouvement dans l'ordre juridique international*, 1938, II, Rec. Cour de La Haye, p. 40.

se préoccupe pas des effets de la guerre sur le sort des traités internationaux, c'est à la doctrine traditionnelle qu'il faut interroger pour trouver des solutions.

Au niveau interne, l'état d'urgence permet temporairement le non-respect aux droits et libertés de la personne consacrés par la Constitution. Au niveau externe, la guerre met aussi en veilleuse les traités internationaux. En termes beaucoup plus explicites, Gérard LORIOT écrit qu'en temps de crise ou de guerre, les règles internationales ne « valent même pas le prix du papier sur lequel on les a imprimées[244]. » Ce problème est connu sous le nom d'effets abrogatoires de la guerre sur les traités.

On ramène à trois les solutions qui peuvent être retenues, alors que plusieurs opinions doctrinales s'affrontent sur les effets de la guerre sur les traités.

D'après la première théorie, la guerre abroge tous les traités conclus entre les belligérants, sauf dans quelques rares exceptions. Cette théorie confirme l'extinction de tous les rapports établis conventionnellement entre les États en guerre, à partir du début de la guerre, pendant la guerre et jusqu'au moment où les belligérants recouvrent la paix.

---

[244] G. LORIOT, *Pouvoir, idéologies et régimes politiques*, Laval, Éd. Études Vivantes, 1992, p.40 : « La guerre du golfe Persique en 1990 a démontré encore une fois de plus la séparation des lois et du pouvoir : l'Irak a envahi le Koweit au mépris de tout droit international, foulant aux pieds les règles juridiques les plus élémentaires, les traités, les ententes, les pactes, la morale et même l'opinion publique mondiale stupéfaite ». En 2004, les Etats-Unis décident d'attaquer l'Irak. Le prétexte des armes à destruction massive ne tient plus et pendant la guerre le droit international humanitaire est foulé aux pieds par les soldats américains.

La deuxième théorie soutient, pour sa part, que la guerre n'affecte pas les obligations nées d'un traité international qu'elle n'atteint pas les traités, mais qu'elle en suspend l'application qui reprend dès qu'elle est terminée. Dans la jurisprudence des tribunaux américains, remarque-t-on, elle limitait l'effet abrogatoire à celles des conventions ou des dispositions qui concernaient autre chose que les intérêts privés[245].

Enfin, la troisième théorie représente un compromis entre les deux tendances extrêmes que nous venons d'expliquer. Cette théorie intermédiaire prône l'efficacité des traités et leur extinction, selon leur nature. Elle soutient que certains s'éteignent du fait de la guerre et qu'ils ne (reprennent pas) rentrent pas en vigueur après la guerre. En revanche, d'autres traités gardent leur pleine efficacité durant la période des hostilités et d'autres encore demeurent en suspens et rentrent en vigueur aussitôt que la paix est rétablie. Les effets des traités multilatéraux sont maintenus entre les parties qui ne sont pas en guerre.

B. Violation substantielle

a. Définition

« Les règles de la convention de Vienne sur le droit des traités concernant la cessation d'un traité violé (qui ont été adoptées sans opposition), peuvent, à bien des égards, être considérées comme une codification du droit coutumier existant dans ce domaine. D'après ces règles, l'extinction d'un traité n'est justifiée qu'en cas de violation substantielle, définie comme étant constituée par : « a) un rejet du traité non autorisé par la présente convention ; ou

---

[245] C.-A. COLLIARD, *Op.cit.*, p. 278.

b) la violation d'une disposition essentielle pour la réalisation de l'objet ou du but du traité » (art. 60, par. 3).

Il faut donc voir dans la résolution [2145 (XXI) de l'Assemblée générale des Nations Unies sur la cessation du Mandat pour le Sud-ouest africain] l'exercice du droit de mettre fin à un certain rapport à la suite d'une violation délibérée et persistante d'obligation, qui détruit l'objet même et le but de ce rapport »[246].

b. Silence du traité

Le droit de mettre fin à un traité comme conséquence de sa violation doit être présumé exister pour tous les traités, sauf en ce qui concerne les dispositions relatives à la protection de la personne humaine contenues dans des traités de caractères humanitaire (convention de Vienne [sur le droit des traités], art. 60, par. 5). Le silence d'un traité à ce sujet ne saurait être interprété comme impliquant l'exclusion d'un droit dont la source se trouve en dehors du traité, dans le droit international général, et qui dépend de circonstances que l'on n'envisage normalement pas au moment de conclure le traité ».

Le fait que le droit de demander le remplacement du mandataire n'ait pas été incorporé au système des mandats établi par la société des Nations (art. 22 du Pacte) « ne saurait être interprété comme excluant l'application du principe général de droit d'après lequel il faut présumer que le pouvoir de mettre fin, comme conséquence d'une

---

[246] Conséquences juridiques pour les Etats de la présence continue de l'Afrique du sud en Namibie (Sud-ouest africain) nonobstant la résolution 276 (1970) du conseil de sécurité, avis consultatif, C.I.J. Recueil 1971, p. 47, par. 94-95 (94/95).

violation, à un mandat d'ailleurs à toute convention, existe de façon inhérente, même s'il n'est pas exprimé »[247].

c. Consentement du fautif

Tirer argument du principe de l'unanimité appliqué par la société des Nations pour soutenir que la révocation [des mandats (art. 22 du pacte)] ne pouvait intervenir dans [le cas de violation grave par le mandataire des obligations assumées] qu'avec l'accord du mandataire serait non seulement aller à l'encontre du principe général de droit régissant l'extinction comme conséquence d'une violation, mais aussi postuler une impossibilité. Pour des raisons évidentes, on ne saurait, s'agissant d'une extinction de ce genre, exiger le consentement du fautif[248].

C Le changement radical et imprévisible des circonstances

a. Principe

Des changements survenus dans le droit ou en fait peuvent, dans certaines conditions, justifier que soit invoqué un changement de circonstances influant sur la durée d'un traité. Il se peut que certains des motifs ayant poussé l'une des parties à accepter un accord n'ont plus autant de force ou qu'ils ont entièrement disparu depuis lors. Mais ce n'est pas une raison pour en exclure les dispositions dont le but et l'objet demeure inchangé.

---

[247] *Conséquences juridiques pour les États de la présence continue de l'Afrique du Sud en Namibie (Sud-Ouest africain) nonobstant la résolution 276 (1970) du conseil de sécurité*, avis consultatif, C.I.J. Recueil 1971, pp. 47-48, par. 96/98 (96/98).

[248] Conséquences juridiques pour les États de la présence continue de l'Afrique du Sud en Namibie (Sud-Ouest africain) nonobstant la résolution 276 (1970) du conseil de sécurité, avis consultatif, C.J.I. Recueil 1971, p 49, par. 101.

Le droit international admet que, si un changement fondamental des circonstances qui ont incité les parties à accepter un traité transforme radicalement la portée des obligations imposées par celui-ci, la partie lésée de ce fait peut, à certaines conditions, en prendre argument pour invoquer la caducité ou la suspension du traité. Ce principe et les conditions exceptionnelles auxquelles il est soumis ont été énoncés à l'article 62 de la convention de Vienne sur le droit des traités qui peut, à bien des égards, être considéré comme une codification du droit coutumier existant en ce qui concerne la cessation des relations conventionnelles en raison d'un changement de circonstances. L'une des conditions essentielles requises par cet article est que le changement de circonstances ait été fondamental. (…). Ce changement doit avoir entrainé une transformation radicale de la portée des obligations qui restent à exécuter. Il doit avoir rendu plus lourdes ces obligations, de sorte que leur exécution devienne essentiellement différente de celle à laquelle on s'était engagé primitivement.

Cette théorie ne s'applique pas en l'espèce, car l'obligation juridictionnelle qu'impose l'échange de notes de 1961 entre le Gouvernement islandais et le Gouvernement du Royaume-Uni est resté précisément ce qu'elle était à l'époque. « Il se peut que le motif ayant amené l'Islande à conclure l'échange de notes de 1961 tienne à ce qu'elle avait intérêt à obtenir la connaissance immédiate de sa compétence exclusive en matière de pêche jusqu'à une distance de milles [et] que cet intérêt ait disparu depuis [les changements intervenus concernant les techniques de pêche et la compétence en matière des pêcheries]. Mais […] l'objet et le but de l'échange de notes de 1961, et par suite les circonstances qui constituaient une base essentielle du consentement des parties à être liées par l'accord qu'il contenait, avaient une portée beaucoup plus large. Il s'agissait non seulement de trancher la prétention du Gouvernement Islandais d'étendre sa compétence en matière de pêcheries à une distance de 12 milles mais encore de fournir un moyen permettant aux parties de régler entre elles la question de la validité de toute prétention ultérieure [en posant une clause compromissoire prévoyant la possibilité de saisir la cour]. […] Au surplus, dans le cas [comme à présent] où un traité est partiellement exécuté et partiellement exécutoire et où l'une des parties a déjà bénéficié des dispositions exécutées [l'Islande avait retiré certains avantages des dispositions de l'accord qui avaient été exécutées], il serait partiellement inadmissible d'autoriser cette partie à mettre fin à des obligations qu'elle a acceptées en vertu du traité et qui constituent la contrepartie des dispositions que l'autre a déjà exécutées[249].

b. Effet

La théorie du changement de circonstances n'a jamais pour effet d'abroger automatiquement un traité ou d'autoriser une des parties dénoncer un traité unilatéralement et sans contestation possible ; et aurait pour seul effet de conférer le droit de demander l'abrogation et si cette demande est contestée, de renvoyer le différend devant un organe ou un organisme habilité à dire si les conditions requises pour sa mise en jeu sont réunies. A cet égard […] les articles 65 et 66 de la convention de Vienne sur le droit des traités […] disposent

[249] *Compétence en matière de pêcheries* (Royaume-Uni c. Islande), compétence de la cour, arrêt C.I.J. Recueil 1973, pp. 17-19/21, par. 32/34/36-37/43 (36/37/43/32/34). Compétence en matière de pêcheries (République Fédérale d'Allemagne C. Islande), compétence de la cour, arrêt, C.I.J. Recueil 1973, pp. 61-63, par. 32/34/36-37/43.

que, si les parties à traiter n'ont pu parvenir à régler leur différend dans les douze mois les moyens énumérés à l'article 33 de la Charte des Nations Unies moyens parmi lesquels figure le règlement judiciaire, toute partie pour mettre en œuvre la procédure de conciliation indiquée à l'annexe à convention.

[S'il se pose, comme en espèce,] une question quant à la compétence de la cour, en raison d'une prétendue caducité [de la clause compromissoire] résultant d'un changement de circonstances. Pourrait la résoudre par application du principe judiciaire, toute reconnu est consacré à l'article 36, paragraphe 6, du statut [de la cour], le dispose : « En cas de contestation sur le point de savoir si la cour compétente, la cour décide ». Cette décision a l'autorité de la chose jugée[250].

c. Limites à l'application

« Qu'il s'agisse d'une frontière terrestre ou d'une limite de plateau continental, l'opération est essentiellement le même ; elle comporte le même élément inhérent de stabilité et de permanence et est soumise à la règle qui veut qu'un traité de limites ne soit pas affecté par un changement fondamental de circonstances »[251].

La France avait aussi fait valoir que des changements de circonstances étaient intervenus qui rendaient caduque la stipulation favorable à la Suisse : notamment, l'institution des douanes fédérales en 1849 et le développement du canton de Genève. La cour a écarté cet argument tiré de la clause *omnis conventio intelligituri*

---

[250] *Compétence en matière de pêcheries* (Royaume-Uni c. Islande), compétence de la cours C.I.J. Recueil 1973, pp. 21-22. Par. 44-45 (44/45). *Compétence en matière de pêcheries* (République fédérale d'Allemagne C. Islande), compétence de la cour, arrêt, C.I.J. Recueil 1973, pp. 65-66, par. 45.

[251] *Plateau continental de la mer Égée*, arrêt, C.I.J. Recueil 1978. p. 36, par. 85.

rebus sic stantibus, qui signifie qu'un traité peut être considéré comme caduc par l'une des parties en cas de changement fondamental des circonstances [252] La nature des droits que détient la Suisse ne permet pas, a estimé la Cour, d'utiliser le moyen tiré du changement de circonstances.

Les traités régissent les rapports sociaux au niveau international et à partir d'une réalité sociale déterminée. La modification de cette réalité peut entraîner la caducité de tout traité, par exemple, celle de la Convention internationale sur l'élimination et la répression du crime de « l'apartheid » du 30 novembre 1973 [253] et dont la caducité confirme le changement social intervenu en Afrique du Sud. Il est donc évident que la réalité sociale et politique y ayant changé, le traité ci-dessus est difficilement applicable et revêt un caractère artificiel.

C'est ici que la doctrine *rebus sic stantibus*[254] (formule latine signifiant "les choses étant ou demeurant ainsi") entre en jeu d'une manière déterminante. En réalité, un traité n'a pas de valeur éternelle. Cette clause permet la dénonciation de tout traité en cas de changement radical et

---

252 Voir article 62 de la convention de Vienne ; voir aussi CIJ : *Projet Gabcikovo Nagymaros*, 25 septembre 1997 ; *Compétence en matière de pêcheries* (25juillet 1974).

253 Adoptée et ouverte à la signature et à la ratification par l'Assemblée générale des Nations Unies dans sa résolution 3068 (XXVIII) du 30 novembre 1973. Entrée en vigueur le 18 juillet 1976, conformément à l'article XV. Texte: Annexe à la résolution 3068 (XXVIII).

254 E.Van BOGAERT, « Le sens de la clause *rebus sic stantibus* dans le droit des gens actuel », 1966, RGDIP, p. 49 et s ; N. LISSITZYN, « Treaties and Changed Circumstances », 1967, AJIL, pp. 895 et s. ; K. SASTRY, « Clausula rebus sic stantibus in international law », 1935 13 Can. Bar Rev., 227 ; S. VAMVOUKOS, *Termination of International Law*, 1985 ; International Law Commission, « Commentary », 1966, II, YBILC, 257-258.

imprévisible des circonstances. La Convention de Vienne de 1969 a d'une manière prudente abordé le problème et prévu des dispositions dans l'article 62 relatif au changement fondamental de circonstances.

« Les tribunaux n'ont pas expressément appliqué la doctrine *rebus sic stantibus*[255] » mais la majorité des auteurs modernes en accepte l'existence comme une manifestation des réalités de l'ordre international légal moderne. « Il convient de remarquer qu'on se trouve ici sur le terrain de la révision des traités et que le changement de circonstances est tout simplement la cause matérielle d'une transformation de la règle de droit » écrit Claude-Albert COLLIARD.

§3. La révision des traités

Le problème de la révision des normes conventionnelles demeure fondamentalement un problème du droit international public. Tout État contractant peut, en tout temps, par voie de notification adressée soit au Secrétaire général, soit au pays dépositaire, demander la révision de la convention.

L'Assemblée générale des Nations Unies recommandera après la notification, le cas échéant, des mesures à prendre, au sujet de cette demande. Elle ne possède qu'une compétence d'invitation à réviser et non pas une compétence de décision. Répondant à l'appel du Secrétaire général des Nations Unies, les États, auteurs de normes du droit international, pourront réviser la convention et devront dorénavant observer ce dont ils ont convenu. Comme au niveau interne, le Parlement auteur

---

[255] Voir Affaire des zones franches du Canton de Gex et de la Haute-Savoie (1932) C.P.J.I., Rec. Ser. A/B, n°46, p. 96 ; De MESTRAL, *Op.cit.*, p. 289.

des lois du pays se réunit pour modifier une loi. « Mais, si les États signataires n'acceptent pas la révision par voie conventionnelle, on aboutit à une impasse ».

Section IV. La mise en œuvre des traités en droit comparé

La mise en œuvre des traités internationaux sur le plan interne implique d'abord qu'ils soient introduits dans le droit interne puis exécutés. Cette introduction requiert le concours du pouvoir judiciaire et du Parlement. Au Canada, le pouvoir judiciaire doit interpréter et faire appliquer les traités internationaux au niveau interne et le parlement vote une loi pour intégrer les règles conventionnelles dans l'ordre juridique interne. En France, les juges ont pendant longtemps estimé que l'interprétation des traités revenait au ministre des Affaires étrangères, mais en recourant à la théorie de l'acte clair, ils jouent ce rôle dès lors qu'il n'y a pas d'ambiguïté sur le sens de la portée du texte. En République Démocratique du Congo, le juge congolais applique le traité ratifié par le Président de la République et publié dans le journal officiel, mais on cherchera en vain dans la jurisprudence, une référence au traité ratifié par la République démocratique du Congo.

§1. Généralités

La conclusion d'un traité est régie, d'une part, par les règles du droit international et, d'autre part par celles du droit constitutionnel propre à chaque État. Cependant, et c'est important de le noter, l'entrée en vigueur d'un traité, au niveau international n'est pas à confondre avec sa mise en œuvre sur le plan national.

L'entrée en vigueur d'un traité au niveau international est normalement fixée par le traité lui-même avec le commun accord des parties qui le ratifient. Par ailleurs, au moment où un État dépose l'instrument de ratification au dépositaire, le traité ainsi ratifié entre en vigueur pour ce pays le jour de son dépôt. Le traité ratifié au Canada par l'exécutif fédéral ne devient pas *ipso jure* une source formelle de droit canadien.

Cependant, la mise en œuvre d'un traité international au plan interne nécessite le concours du Parlement qui doit voter une loi pour intégrer le traité au système juridique interne et le juge doit appliquer le traité incorporé en droit interne après son adoption par le Parlement.

La mise en œuvre des traités internationaux au Canada était régie par l'article 132 de « *British North America Act* » de 1867[256]. Cet article se lit ainsi :

Le Parlement et le gouvernement du Canada auront tous les pouvoirs nécessaires pour remplir envers les pays étrangers les obligations du Canada ou de l'une de ses provinces, à titre de partie de l'empire britannique, découlant de traités conclus entre l'Empire et ces pays étrangers.

Il est donc clair d'après l'article ci-dessus que la compétence du Parlement fédéral de mettre en œuvre des traités d'Empire ne fait aucun doute. Après 1926, avec l'accession du Canada à la pleine souveraineté, l'article 132 est tombé en désuétude. Le juge Bora LASKIN, en ses propres termes, le confirme : « L'article 132 de l'Acte de l'Amérique du Nord Britannique est une disposition dont les termes pris dans leur sens littéral ont été dépassés par

---

256 30-31 Victoria, c 3 (U.K).

les événements qui empêche tout retour en arrière. Cet article est donc en désuétude[257]. »

Cependant, dans le préambule du *British North America Act* de 1867, on note que « les provinces du Canada, de Nouvelle-Écosse et du Nouveau-Brunswick ont exprimé le désir de contracter une union fédérale pour former une seule et même Puissance (Dominion) sous la couronne du Royaume-Uni de la Grande-Bretagne et de l'Irlande, avec une constitution reposant sur les mêmes principes que celle du Royaume-Uni [...]. » Selon ces principes, les tribunaux judiciaires canadiens sont compétents pour résoudre les problèmes constitutionnels que soulève un traité au plan interne.

Il est important de souligner que la ratification ne relève pas du pouvoir législatif, c'est une compétence exclusivement réservée à l'exécutif fédéral. Celui-ci, en ratifiant un traité, doit faire voter en Chambre une loi de mise en œuvre. En termes encore plus explicites, « un gouvernement majoritaire peut toujours s'assurer de la discipline partisane en Chambre et un gouvernement minoritaire évitera normalement de conclure un traité qui ne rallierait pas une majorité parlementaire[258]. »

§2. La fonction législative

L'exécutif fédéral, en ratifiant un traité, engage l'État canadien sur le plan international. Pour éviter que le Canada manque à cet engagement devant la communauté internationale, il est tenu de respecter sa volonté ainsi exprimée par la ratification. Pour s'assurer, il doit passer

---

[257] B. LASKIN, *Canadian Constitutional Law : Cases, Text and Notes on Distribution of Legislative Power*, 3ème éd., Toronto, Carswell, 1966, p. 290.

[258] J.-M. ARBOUR, *op. cit.*, p. 209.

en revue la législation nationale pour qu'elle soit conforme aux dispositions de la convention. C'est à ce niveau que le Parlement national, qui est exclu de la procédure de conclusion, vient jouer un rôle important pour l'adoption d'une « loi de mise en œuvre » introduisant le traité dans l'ordre juridique interne.

Dans *John A. MacDonald c. Vapor Canada Ltd*[259], le juge en chef Bora LASKIN a confirmé le pouvoir du Parlement fédéral d'adopter une loi dite de mise en œuvre pour permettre à l'exécutif national d'exécuter une obligation conventionnelle. Parlant non seulement en qualité de juge en chef, mais aussi au nom de ses collègues, les juges Beetz, Dickson, Pigeon et Spence, il a fait la déclaration suivante :

A mon avis, en supposant que le Parlement a le pouvoir de légiférer pour mettre en vigueur un traité ou une convention à l'égard de matières qui en font l'objet mais autrement relèveraient de la compétence législative provinciale seulement, il faut que cela ressorte clairement du texte de la loi visant la mise en vigueur et ne soit pas objet de déduction. Les tribunaux doivent être capables de décider, d'après le texte, qu'il s'agit d'une loi de mise en vigueur[260].

Le gouvernement fédéral peut conclure un traité qui porte sur une matière provinciale et faire adopter une loi en Chambre à cette fin pour pouvoir mettre en œuvre ledit traité. Soulignons aussi que la mise en œuvre législative peut se faire de plusieurs façons. Il n'est pas question pour

---

[259] [1937] A.C. 351-353; Voir aussi Sénat du Canada, Rapport présenté en conformité d'une résolution du Sénat à l'Honorable président du Sénat, Imprimeur de la Reine, Ottawa, Annexe 3, p. 181.

[260] [1977] 2 R.S.C 134; Voir aussi J.C. BONENFANT, « L'étanchéité de l'A.A.N.B. est-elle menacée ? », (1977) 18 Cahier de Droit 383.

nous de faire l'analyse de ces différentes manières de la mise en œuvre des traités au Canada.

§3. L'application des traités par le juge interne

Les modalités d'introduction des traités dans l'ordre juridique interne des États sont variables. En République démocratique du Congo, en vertu de l'article 215 : « les traités et accords internationaux régulièrement conclus ont, dès leur publication, une autorité supérieure à celle des lois sous réserve pour chaque traité ou accord, de son application par l'autre partie ». C'est dire que le juge interne congolais est tenu de l'appliquer. Au Canada, une fois le traité ratifié par l'exécutif fédéral et incorporé en droit interne à la suite de l'adoption d'une loi pour qu'il produise ses effets, le juge canadien doit dans l'avenir l'appliquer. Mais curieusement, la Constitution canadienne se distingue par l'absence d'une disposition constitutionnelle concernant l'application des traités internationaux dans l'ordre juridique interne.

Aux États-Unis, l'introduction des traités dans le droit américain est réalisée au moyen d'une promulgation du président. En Grande-Bretagne, elle résulte d'une loi reproduisant le texte du traité, sauf en ce qui concerne le droit communautaire européen dérivé. En France, elle revêt un caractère quasi automatique : aux termes de l'article 55 de la Constitution de 1958, les traités produisent des effets dès leur publication.

La Constitution du Canada, muette sur l'application des traités internationaux, est pourtant respectueuse de la répartition des pouvoirs. Il s'agit des principes d'inspiration britannique sur lesquels repose la *Loi constitutionnelle de 1867*.

Au problème de l'application des traités par les tribunaux internes est étroitement lié celui des rapports de la loi et du traité devant le juge national[261]. Ainsi, les juges canadiens, en matière d'application des traités internationaux, adoptent une conception dualiste et considèrent le droit international et le droit interne comme deux systèmes de droit égaux, indépendants et séparés. Le juge canadien considère que le traité n'est applicable, au Canada, qu'après une sorte de réception en droit interne. « La théorie dite « moniste avec supériorité du droit interne » n'est plus soutenue à l'époque contemporaine, compte tenu de l'effet létal qu'elle aurait sur les relations juridiques internationales, en faisant disparaître toute confiance possible dans le droit international[262]. » L'attitude des tribunaux canadiens découle des solutions que la jurisprudence britannique donne à ce problème[263].

De pratique constitutionnelle constante, la République Démocratique du Congo est de tradition moniste en ce qu'elle reconnaît la primauté du droit international sur le droit interne. La publication des traités dans un journal officiel par le Président de la République permet de mieux assurer la conformité de l'ordre juridique interne par rapport à l'ordre juridique international. C'est dire que le Congo est respectueux du principe sacro-saint de la prépondérance du droit international sur le droit interne.

---

261 Sur ce problème : L. KOPELMANAS, « Du conflit entre le traité international et la loi interne », 1937, *Revue de droit international et de législation comparée*, pp. 88-143 et 310-361 ; voir aussi. C. EMANUELLI, et S. SLOSAR, « L'application et l'interprétation des traités internationaux par le juge canadien », 1978, 13, R.J.T., p. 69.

262 P.-M. MARTIN, *op. cit.*, p. 58.

263 R. c. Canada Labour Relations Board ; (1964) 44 D.L.R. (2d) 440, 454 (Man. Q.B.) ; voir aussi la décision de la Cour de l'échiquier, 1971, 18 D.L.R. (3d) 215, 217.

Le droit international des traités est d'origine coutumière et il résulte de la pratique suivie par les États et, plus récemment[264], par les organisations internationales[265]. La conclusion des traités est exclusivement réservée aux sujets de droit international. On évite généralement de parler de « traités » pour désigner ces accords dont il n'est pas sûr qu'ils lient des parties ayant également un statut de sujet international. Dans ce système classique de ce droit, l'individu n'existe pas[266] On cite souvent l'Affaire *Sioui c. R*[267]; la Cour suprême du Canada a refusé d'assimiler les traités conclus avec les Indiens à des traités internationaux. Le juge en chef DICKSON aurait déclaré qu'un « traité » avec les Indiens est unique ; c'est un accord *sui generis* qui n'est ni créé ni éteint selon les règles du droit international[268].

Partant du principe « *Pacta sunt servanda* », on doit observer ce dont on a convenu, la volonté de l'État d'être lié par l'accord devient un élément d'une importance majeure. Cette volonté peut être déclarée ou réelle. En son nom, il existe un duel non tranché entre constitutionnalistes et internationalistes. Comme un feu mal éteint, il se rallume toujours.

Le Canada est un État fédéral et souverain. Ayant une seule personnalité internationale, il refuse de céder aux provinces la compétence de conclure des accords internationaux sans avoir obtenu au préalable son consentement. En RDC, nous l'avons déjà dit, seul le chef de l'État engage le pays au niveau international en ratifiant un traité avec d'autres puissances étrangères.

---

264 *Ibidem.*, p. 13.
265 J. COMBACAU, *op. cit.*, p. 8.
266 J-MARBOUR, *op. cit.*, p .1.
267 [1985] 2 R.C.S. 387 ; voir aussi *R. c. Sioui*, [1990] 1 R.C.S. 190.
268 *Ibidem*, p. 404.

QUESTIONNAIRE DU CHAPITRE VII. LA NULLITE, L'EXTINCTION, LA SUSPENSION ET LE RETRAIT D'UNE PARTIE DES TRAITES

1. Déterminez le sort d'une convention internationale conclue en méconnaissance par les États parties d'une norme appartenant au *jus cogens* ?

2. Distinguez la nullité relative de la nullité absolue d'un traité au regard des vices de consentement d'un État dans la conclusion d'une convention internationale ?

3. Quelles sont, à votre connaissance, les causes de suspension de l'application d'un traité international ?

4. Indiquez les différents modes d'extinction d'un traité international ?

5. Comment les obligations à charge d'un État en vertu d'une convention internationale peuvent-elles s'éteindre ?

6. La dénonciation unilatérale d'un traité international produit-elle des mêmes effets dans les cas d'une convention bilatérale et multilatérale ?

7. Qu'est-ce qui distingue l'abrogation de la dénonciation d'un traité international ?

8. Y a-t-il des limites à l'exercice du droit de dénonciation unilatérale d'un traité international ? Prouvez votre réponse.

9. Expliquez la théorie des effets de la guerre sur les traités ? Dites aussi pourquoi la convention de Vienne sur le droit des traités ne s'est-elle pas préoccupée d'elle ?

10. Quelle différence existe-t-il entre la clause *rebus sic stantibus* et la notion de force majeure en tant que modes d'extinction d'une convention internationale ?

11. Pourquoi dit-on que le droit international est un droit de coordination, que de subordination ?

12. Commentez le principe de la primauté du droit international sur les droits internes des États ?

13. A quelles conditions le juge national peut-il appliquer les dispositions d'un traité international à un cas d'espèce lui soumis au regard de l'ordre juridique congolais ?

14. La condition de réciprocité est-elle toujours requise pour l'application d'un traité international par les États parties ? Justifiez votre réponse.

CONCLUSION

Le terme droit international public est d'origine moderne. Il s'applique à certaines entités en tant que sujets du droit international et représentent à nos yeux la référence suprême du droit interne. Pourtant, les réalités politiques de la scène internationale nous conduisent à dire que les États demeurent incontestablement les principaux sujets du droit international public cependant les organisations internationales sont aussi reconnues comme sujets de droit international à cause des changements qui se sont produits dans le monde, mais les États leur confèrent une personnalité juridique autonome beaucoup moins étendue que celle dont ils sont eux-mêmes titulaires.

La formation du droit international soulève dans la doctrine deux conceptions, l'une positiviste et l'autre objectiviste, en ce qui concerne la notion de « source ». L'exercice de la souveraineté des États fortifie ceux-ci à ne se soumettre qu'aux lois qui ont été adoptées avec leur propre consentement.

La volonté des États repose sur le principe d'égalité des États indépendants, car il n'existe pas au sein de la société internationale un organe suprême qui a le pouvoir de promulguer des lois qui obligent tous ses membres et qui sont susceptibles d'être appliquées à leur égard.

Dans l'étude des sources modernes du droit international, les auteurs soulignent que le traité demeure et demeurera toujours « *the most important source* » du droit international. Nous affirmons avec certains juristes que seul l'État est souverain et la souveraineté s'analyse comme permettant à l'État de se lier directement par des normes de droit international (à titre d'exemple ratifier les traités, participer à une organisation internationale) ; c'est ce que l'on appelle l'immédiateté internationale. Cette notion nous permet de faire une distinction utile et nécessaire entre l'État et ses composantes qui n'ont que des rapports médiats avec le droit international.

L'exécution des traités internationaux est respectueuse du principe des effets relatifs des traités, car ici nous sommes devant un acte contractuel qui est obligatoire pour les parties qui ont exprimé leur consentement à être liées. Pourtant, dans certaines hypothèses, le traité peut également produire des effets envers les États tiers. Aussi, en cas de la succession l'application automatique ne peut être envisagé du fait que le droit international demeure un droit volontariste.

L'école volontariste nous apprend que le traité prend fin selon la volonté des États et cesse d'être en vigueur à la date qu'il fixe ou lorsque son objet ayant disparu, il n'a plus de raison d'être.

BIBLIOGRAPHIE SELECTIVE

AGO, R., « Le droit des traités à la lumière de la Convention de Vienne. Introduction », (1971) 134 *RCADI*, III., pp. 297-332.

____ ; « Le délit international » (1939) III *Rec. A.D.I.*, pp. 419-554.

ARBOUR, J.-M., *Droit international public*, 3ème édition, Cowansville, Yvon Blais, 1997.

BALLADORE-PALLIERI, G., « La formation des traités dans la pratique internationale contemporaine » (1949) *I Rec. A.D.I.*, pp. 469-545.

BARBERIS, J., « Le concept de traité international et ses limites », (1984) *AFDI*, pp. 239-270.

BASDEVANT, J., « La conclusion et la rédaction des traités et des instruments diplomatiques autres que les traités », (1926) V *Rec. A.D.I.*, PP. 539-643.

BASTID, S., *Les traités dans la vie internationale: Conclusion et effets*, Paris, Economica, Collection droit international, 1985, 303 p.

BAXTER, R.R., « Treaty and Custom », (1970) 129 *RCADI*, I., pp. 25-106.

BERNHARDT. R., « Custom and Treaty in the Law of the Sea », (1987) 205 *RCADI*, V., pp. 247-330.

BRUEL, E., « La protestation en droit international », *Acta scandinavica juiris gentium*, vol. III (1932), pp. 75-93.

CAHIER, Ph., « Le problème des effets des traités à l'égard des États tiers », (1974) 143 *RCADI*, III., pp. 589-736.

CAPOTORTI, F., « L'extinction et la suspension des traités », (1971) 134 *RCADI*, III, PP. 417-588.

CHAYET, Cl., « Les accords en forme simplifiée », (1957) *AFDI*, pp. 3-13.

CAFLISH, L., « Unequal Treaties », (1992) 35 *GYBIL*, pp. 52-80.

COMBACAU, J., *Le droit des traités*, Paris, PUF, Que sais-je ?, n°2613, 1991, 125 p.

Do NASCIMENTO, SILVA, G.E., « Le facteur temps et les traités », (1977) 154 *RCADI*, I., pp. 215-298.

ELIAS, T., *The modern Law of Treaties,* New York, Dobbs, Oceana Publications Inc., 1974, 272 p.

IMBERT, P. H., *Les réserves aux traités multilatéraux*, Paris, Pedone, 1979, 504 p.

KAPELER, D., « Le problème de l'interprétation uniforme des traités », (1971) *ASDI*, pp. 49-62.

LAUTERPACHT, H., « Les travaux préparatoires de l'interprétation des traités », (1934) 48 *RGDIP*, II., pp 708-817.

McNAIR LORD, A.D., *The Law of Treaties*, Oxford, Clarendon Press, 1961, 789 p.

MIRCEA, T., *Les traités internationaux et leurs effets à l'égard des États tiers*, Genève, Thèse, 1971.

MULAMBA MBUYI, B., Introduction à l'étude des sources modernes du droit international public, Bruxelles, Québec, Presses de l'Université Laval et Bruyant, 1999.

- *Le statut international des réfugiés*, Goma, Université Libre des pays des Grands Lacs, Publications de la Faculté de Droit, 2005.
- *Droit international public : Les sources*, Paris, L'Harmattan, Collection Notes de cours, 2012.
- *Déontologie des fonctionnaires internationaux*, Paris, l'Harmattan, Collection Notes de cours, 2013.
- *Les organisations internationales*, Paris, Edition. L'Harmattan, Collection Notes de cours, 2012.

NAHLIK, P., « La conférence de Vienne sur le droit des traités. Une vue d'ensemble », (1969) *AFDI*, pp. 24-53.

ONU, « Le droit des traités », Rapports et travaux de la Commission de droit international, successivement de MM. Brierly (1950-1952), H. Lauterpacht (1953-1954), Sir Gerard Fitzmaurice (1955-1960), Sir Humphrey Waldock (1962-1966), publiés dans les annuaires de la CDI.

PLENDER, R., « The role of Consent in the Terminaison of Treaties", (1986) 57 *BYBIL*, pp. 133-167.

RETER, P., « Du consentement des tiers aux normes d'un traité » *Essays on International Law in honour of W. Riphagen*, Dordecht, MNP, 1986, pp. 155-168.

ROSENNE, Sh., *Developments in the Law of Treaties 1945-1986*, Cambridge, Cambridge University Press, 1989, 535 p.

ROUCOUNAS, E., « Les engagements parallèles et contradictions », (1987) 206 *RCADI*, VII., P. 287.

RUDA, J.M., « Reservetions to Treaties », (1975) 146 *RCADI*, III., PP. 95-218.

SAUVIGNON, E., « Les traités et les ressortissants des États tiers », (1977) *RGDIP*, P. 15-50.

SALMON, J., Dictionnaire de droit international public, Bruylant AUF, Bruxelles, 2001.

SCELLE, G., « La révision dans les conventions générales » (Rapporteur) Annuaire de l'IDI Session de Bruxelles, vol. 41, Paris, Pedone, 1948, pp. 1-15, pp. 175-191.

SINCLAIR, Sir I., *The Vienna Convention on the Law of Treaties*, 2[e]édition, Manchester, Manchester University Press, 1984, 270 p.

VIRALLY, M., « Sur la classification des traités », *Istituto di dirrito internazionale e straniero delle universita di Milano. Comunicazioni e studi,* vol. XIII., Milano, A.Giuffré, 1969, pp. 16-36.

INDEX ANALYTIQUE

A

B

P

Q

R

S

T

V

Structures éditoriales du groupe L'Harmattan

L'Harmattan Italie
Via degli Artisti, 15
10124 Torino
harmattan.italia@gmail.com

L'Harmattan Hongrie
Kossuth l. u. 14-16.
1053 Budapest
harmattan@harmattan.hu

L'Harmattan Sénégal
10 VDN en face Mermoz
BP 45034 Dakar-Fann
senharmattan@gmail.com

L'Harmattan Cameroun
TSINGA/FECAFOOT
BP 11486 Yaoundé
inkoukam@gmail.com

L'Harmattan Burkina Faso
Achille Somé – tengnule@hotmail.fr

L'Harmattan Guinée
Almamya, rue KA 028 OKB Agency
BP 3470 Conakry
harmattanguinee@yahoo.fr

L'Harmattan RDC
185, avenue Nyangwe
Commune de Lingwala – Kinshasa
matangilamusadila@yahoo.fr

L'Harmattan Congo
219, avenue Nelson Mandela
BP 2874 Brazzaville
harmattan.congo@yahoo.fr

L'Harmattan Mali
ACI 2000 - Immeuble Mgr Jean Marie Cisse
Bureau 10
BP 145 Bamako-Mali
mali@harmattan.fr

L'Harmattan Togo
Djidjole – Lomé
Maison Amela
face EPP BATOME
ddamela@aol.com

L'Harmattan Côte d'Ivoire
Résidence Karl – Cité des Arts
Abidjan-Cocody
03 BP 1588 Abidjan
espace_harmattan.ci@hotmail.fr

Nos librairies en France

Librairie internationale
16, rue des Écoles
75005 Paris
librairie.internationale@harmattan.fr
01 40 46 79 11
www.librairieharmattan.com

Librairie des savoirs
21, rue des Écoles
75005 Paris
librairie.sh@harmattan.fr
01 46 34 13 71
www.librairieharmattansh.com

Librairie Le Lucernaire
53, rue Notre-Dame-des-Champs
75006 Paris
librairie@lucernaire.fr
01 42 22 67 13

www.ingramcontent.com/pod-product-compliance
Lightning Source LLC
LaVergne TN
LVHW011015061026
849535LV00006B/1899
9782343118901